धारणावाद :

अमूर्त दर्शन

धर्मेंद्र मिश्रा

धारणावादः

अमूर्त दर्शन

૭

~धर्मेंद्र मिश्रा

क्रम-सूची

प्रस्तावना

"अवधारणावाद:अमूर्त दर्शन

हम जो भी देखते सुनते आदत व्यवहार प्रकृति जो अमूर्त दर्शन द्वारा प्रेरित,बुद्धि जिसके वस में है समस्त चिंतन का आधार है।

जो मान लिया गया वह धारणा है,वह धारणा किस रूप में है,उसका कारण भूत क्या है ,उसका तत्व,मर्म क्या है ?

अमूमन जीवन और जीवन से जुड़े अनुभव की विवेचना करते है; एक भौतिक पछ, दूसरा चेतना पछ, जहाँ भौतिक पछ इन्द्रिय कर्मक है जो सरीर से सम्बंधित है,स्वयं से स्वयं द्वारा निर्धारित नियामवली है जो यथार्थवादी होने पर इन्द्रिय द्वारा अनुभूत पछ पर संज्ञान लेता है मस्तिष्क द्वारा निर्मित सिद्धान्त व्यवहारिक रुप से सञ्चालन पछ की स्पष्ट विवेचना कर बता सकते है अमुक चीज कैसे काम करती है, क्यों काम करती है।

मै भाव में मनुष्य के होने पर क्या कुछ घटता है उसके पीछे कारण और उद्देश्य को जानने पर नियंत्रण करना आसान होता है किंतु सतही तौर पर सार्वभौमिक सत्ता को प्रतिपादित नहीं किया सकता है।

वही दूसरा कारणभूत चेतना पछ विचारकीया सूछम चेतना संसार जो अवधारणा पर बल देता है। जिसे हम आत्म तत्व की संज्ञा देते है। मै जीव हूँ आत्म तत्व मेरा बोध है ?

क्या यह मेरा बोध है? क्या मैंने स्वयं को जान लिया ? नहीं यह अवधारणा है। मनुष्य धारणा से ही तो बना है।आंतरिक सूछम पछ जो चेतना का संसार है वह कैसे निर्दिष्ट होता है इसके लिए मानव मस्तिष्क परिकल्पनाओं का संसार गढ़ता है।

तथ्य और तर्क का समन्यवय करता है। गुण दोष के आधार पर उसकी विवेचना करता है,तर्क करता है,वाद विवाद करता है।यह जीवन उसी धारणा के अधीनता में चलता रहता है। मनुष्य यही मानता आया यही उसकी धारणा है।

जीवन का यह भाव विसंगतियों से भरा है कभी आदर्श पूर्ण परिस्थिति में नहीं हो सकता है। दोनों ही पछो को तटस्थ भाव से विवेचना करते हुए हमारे आस पास जो घट रहा है उसके व्यवहारिक पछ और पीछे कारण भाव जीवन की गहनता को समझना लछ्य है।

इस पुस्तक में संकलित,समाहित विषय वस्तु,तर्क और तथ्य यथार्थ भाव से जीवन अनुभव द्वारा प्रतिपादित है। इस पुस्तक का उद्देश्य यही है मनुष्य स्वयं से सूछ्म संवाद कर सके।

मानव प्रकृति की इस विचार शृखंला द्वारा वर्णित तर्क,तथ्य प्रेरक विचार,कविता के माध्यम से यथा स्थिति सत्यता को परखते हुए इस धारा में स्वयं को समाहित कर संकीर्णता से विराटता की ओर बढ़ते है...

पावती (स्वीकृति)

आमुख

1

<u>तथ्यपरक विवेचना-</u>

"धारणा प्रकृति"

जीवन का सफल,असफल होना बहुत कुछ धारणा पर निर्भर करता है,वह धारणा ही है जो मनुष्य को चलाती है कर्म हेतु प्रेरित करती है। उचित अनुचित का संज्ञान लेती है दृष्टिकोण की व्यापकता उसी पर निर्भर है। हर व्यक्ति के देखने,सोचने,समझने का नजरिया अलग होता है,जिसे धारणा से बल प्राप्त होता है।

मौजूदा सभी चीजों का निर्माण माध्यम से है,स्वयत्त स्वतंत्र अनायास कुछ भी नहीं है, व्यक्ति के संज्ञान में हो या न हो वह पूर्व पथगामी है। अनैच्छिक क्रिया भी इच्छा द्वारा ही निर्धारित है। जिसे ईश्वरीय धारणा भी कहते है जो समझ से परे है संज्ञान में नहीं है,ईश्वरीय अवधारणा पर छोड़ दिया जाता है।

जिसे नियामक और नियंता के रूप में जानते आये है। इस अवधारणा के आधार पर मनुष्य ने जीवन के सुचारु सञ्चालन हेतु नियम कायदे कानून बनाये। जो शरीर के साधने से मन आत्मा की साधना है।

इसका प्रत्यछ अप्रत्यछ लाभ भी होता है जीवन जितना सरल होगा,सुगमता से समझा जाएगा उतना ही सुलभ और सत्य पथगामी होगा।सरल होने का अर्थ विचारो की स्पष्टता,मस्तिष्क में विद्यमान धारणा की रुपरेखा जो भी वह धारणा स्वरुप धारण किये हुए है।

शरीर से इतर वह धारणा रूपी शरीर सूछ्म रूप से चलायमान है जो अन्य मस्तिष्क की क्रिया को प्रभावित करता है वह धारणा रूपी सरीर ही दूसरो में उस व्यक्ति के भौतिक स्वरुप का निर्धारण कर्ता भी है।

एक तरह से धारणा में बधे होने के कारण हर व्यक्ति अलग अलग तरह से आदत व्यवहार प्रकृति का वरण करता है जो दृष्टिकोण की उपलब्धता पर बल देता है।

जीवन होने का यह बोध हर उस चीज को भोगना चाहता है जिसमें उसे सुख की प्राप्ति हो समस्त कामना सुख की प्राप्ति हेतु उपलब्ध साधन संसाधन अनुरूप भोगते जीवन यापन करना चाहता है।

वही धारणा अनुरूप न होने पर यथेष्ट फल प्राप्ति जीवन को इच्छा अनुरूप चलाने हेतु स्वायत्त धारणा पर बल देता है।

छणिक परिस्थिति अनुरूप भावनात्मक बहाव उचित अनुचित का बोध किये बिना जो दृष्ट रूप से गोचर है उसी अनुरूप जीवन को चलाता है।

वही चेतना के पुष्ट होने पर मस्तिष्क पूर्वनियोजित अवधारणा अनुरूप चलने को कहता है धारणा की यह प्रगाढ़ता दीर्घावधि नियोजन पर बल देती है।

दृष्टिकोण की व्यापकता धारणा को कई अर्थ में व्यापक आयाम प्रदान करती है, कारण स्वरुप व्यक्ति न सिर्फ बाहरी अपितु आतंरिक दृष्टिकोण से भी समुन्नत बनता है। जहाँ गहराव ज्यादा होता है वही ठहराव भी ज्यादा होगा।

स्थूल शरीर रूप में न होने पर भी धारणा रूपी सूछम काया,काल कालांतर से परे आदर्श पूर्ण परिस्थिति का निर्माण करती है जो माध्यम से गतिमान है।

मनुष्य को सक्ति धारणा से ही प्राप्त होती है मनो मस्तिष्क में वह धारणा अपने प्रबलतम स्वरुप में हो।ऐसा तभी होगा जब तटस्थ होकर,जीवन और जीवन से जुडी गतिविधियों द्वारा होने वाले प्रभाव का होश पूर्वक परिछण किया जाये,जो वांछनीय उपयोगी हो उसका अनुसरण किया जाये।

पहले से ऐसा होता आया है,ऐसा ही होगा ऐसा मान कर चलना,बिना मस्तिष्क द्वारा अभिज्ञान लिए किसी धारणा से बध जाना उसी लीक में एकसरता से बहते जाना स्वयं के अस्तित्व को नकारना होगा।

मस्तिष्क की नैसर्गिक क्रिया है चिंतन,वही से समस्त धारणा आकर लेती है,अनंत में कौन सी धारणा किस आकर में है ,वह किस स्वरुप में है,मस्तिष्क से परे उस धारणा को प्रमाणित नहीं कर सकते। जो संज्ञान में नहीं है,उसकी सत्यता हेतु स्वयं की परख अस्तित्व का बोध है।

৽৹

"अग्निवीर"

जहाँ जीवन का मूल्य न हो सिर्फ मूल्य वालो का ही मूल्य हो उस सरकार से क्या ही उम्मीद कर सकते है।

देश के युवा जो पल्ला झाड़ योजना अग्निवीर बनने जा रहे है,सरकारी नौकरी और शराबी दामाद में कोई अंतर नहीं होता,वे ये न सोचे 4 साल काम कैसे करेंगे।

4 साल तो सरकारी दुल्हन के साथ मज़े से कटेंगे,लड़की का बाप लड़की का हाँथ वापिस नहीं लेने वाला। काम करो या निठल्ले रहो फिर तुम जानो और तुम्हारा काम जाने, आराम से कट जायेंगे वक़्त का पता भी नहीं चलेगा।4 साल केलिए ही लड़की ब्याह कर लाये तलाक होगया फिर उसके बाद क्या करोगे ?

यहाँ कुवारो की भीड़ है सुन्दर सुशील सरकारी वधु केलिए सभी कतार में खड़े है। 4 साल में तो तुम्हारी पोल खुल गई सरकारी वधु का ख्याल कैसे रखा,दोबारा उतनी ही सुन्दर सुशील वधु फिर हाँथ नहीं आने वाली।

भीड़ तंत्र ही लोकतंत्र है चलतू का नाम गाड़ी कुछ न सही से कुछ तो सही इन सालो में अपना खूब ख्याल रखना जिससे तलाक होजाने पर भी सेकंड हैंड चलतु गाड़ी में बैठ सको,जिंदगी धक्का मार योजना के आसरे घिसटती रहे।

निष्कर्ष :

वर्तमान पीढ़ी तथा आने वाली पीढ़ी देश की सक्ति युवा कार्य सक्ति द्वारा निर्धारित होती है,शारीरिक,मानषिक रूप से देश के निर्माण में प्रत्यछ सहयोग करते है,यदि उनके कार्य छमता का समुचित दोहन न किया जाए तो उस ऊर्जा का अपव्यय होना अवश्यम्भावी है जो देश और समाज केलिए हानिकारक है।

☙

"छट पड़े की हर हर गंगे"

बहुत समय पहले की बात है,एक ख्याति प्राप्त लोभ,लोहवान से ग्रसित अनीति अत्याचार में सिद्धस्थ बहुत बड़े नेता हुआ करते थे, विष गुरु के नाम से जाने जाते।

ग्यान मे अहंकार का दीमक कुछ ऐसा लग की सिर्फ अपनी ही करते,अपनी ही सुनते कोई उन्हें कुछ भी सीख दे वह उसमे अपनी हीनता समझते स्वयं को प्रासंगिक बनाये रखने समाज सेवी सिद्ध करने हेतु तरह तरह के तमाशे नाना प्रकार के व्यभिचार पाखंड रचते।

नेताओ से लोग वैसे भी परेशान रहते है,उनकी प्रकृति थोड़ा और जटिल थी कूटनीति साजिस सडयंत्र का ऐसा जाल बिछाते की उनके आगे अच्छे अच्छो का पसीना छूट जाता। झूठ की दाल ऐसी गलाते की बिना खाये ही लोग देख सुनकर वाह वाह करते थे।

उनके इस हुनर और फन के जो कायल थे वो भी ऐसा ही बनने की भौंडी नक़ल करते। झूठ बोलने पर यदि कॉपीराइट होता तो उन्ही के नाम से होता।

जहाँ लाभ हो जो उनकी अनुशंषा प्रशंसा करे वही उनके हितैसी होजाते। एक तरह से संतुलनवादी चाटुकारवादी राजनीती के पछ धर भी कह सकते है।

लोभ की मानसिकता से पूरी तरह पटे हुए उन्हें लगता की अगर वह राजनीती में रह कर सत्य धर्म पथ पर चलेंगे तो सम्पूर्णता के लाभ से

वंचित होना पड़ेगा।

लूटो खाओ मौज करो जनता का तेल निकालो यही उनका चरित्र और सिद्धांत था। लेकिन बात वही है धुंध आसमान का नसीब नहीं होता आप किसी को 99 बार बेकूफ़ बना सकते है लेकिन 100 वी बार बेवकूफ़ भी समझ जाता है की उसे बेवकूफ बनाया गया।

डिजिटल दुनिया में बेवकूफ को भी बेवकूफ़ समझना खतरे से खाली नहीं है।

आपको जितना अपने बारे में पता नहीं इंटरनेट को उससे भी ज्यादा मालूम हो सकता है।

यदि आप मशहूर है और व्यापक पैमाने पर लोग जानते है तो आपको भी मालूम नहीं की कौन लोग किस प्रकार इंटरनेट में आप के बारे में क्या जानकारी डाल रहे है।

सकारात्मक से सकारात्मक व्यक्ति भी नहीं बचते बड़े बड़े संत महात्मा भी जेल में बंद हो जाते है।

जिन्हे आप आदर्श रूप में स्वीकार करते है कल को वही इंटरनेट उस व्यक्ति को चोर अपराधी सिद्ध कर दे?

आप अपनी छवि की परवाह नहीं करते तो जो मन में आये वही करे,कान में ऑटो स्टेपलाइज़र लगा ले,अपने हिसाब से पावर कटकर ले या लोगो की परवाह करते है तो मुँह पे ऑटो ट्यून लगा ले,गाली भी दे कोई तो जो आप के अपने वाले है जो आप कहते दिखाते सुनाते है वही देखते सुनते है।

उनकी ख़ुशी केलिए वही साउंड करे जो मधुर प्रिय हो और लाभ की दुनिया में आस्था टिकाये रहे। विष गुरु इसी अवधारणा के धारणा वादी थे।

एक बार की बात है विष गुरु बढिया सूट-वूट पहन कर,इतर फुलेल लगा कर,त्रिवेणी संगम घूमने गए जो जैसा उसके साथी भी वैसे ही होंगे साथ वाले कुछ चमचे, सरकारी लश्कर लेकर पहुंचे।

पुल पर से वहाँ का नजारा देख कर आंखो देखा हाल बता ही रहे थे;तभी वहाँ से कुछ विरोधी गुजरे, विष गुरु के चम् चम् तमाशे को देख कर "छी कितना गंदा "

उनके साथ वाले जो थे उन्होने भी कहा "बहुत गंदा "

सब की बाते सुन कर विष गुरु को लगा सायद गंगा जी की बात कर रहे है,उन्होंने अपने अन्दाज़ मे कहा

" गंदगी का ये आलम है "गुरु "

के अब अंधे को भी दिखने लगा।"

तभी उनके पैर फिसल जाते है और वो गंगा जी मे पुल पर से गिर जाते है।गिरते ही "हर गंगे,हर गंगे"कहने लगे।साथ वाले चाटुकार विष गुरु को बाहर निकालते हुए "सर ये क्या है?" विष गुरु अपना सा मुह बनाते हुए "सोचा गिरे तो है ही थोड़ा पाप ही धुल जाये ।"

कहने का तात्पर्य मन का मैल न धोये जग धोये सो का होये। जल से पवित्र तो जीवन है जब वही निर्मल नहीं गंगा जी यमुना जी साफ़ हो भी गई तो क्या होगा।

यह तो हमने अपनी धारणा स्वरुप स्वीकारा ये जल पवित्र है,लोग उसमे दैनिक नित्य क्रिया भी करते है,अपवित्र करते।

हर चीज का महत्व अपने स्थान पर ही होता है।सामाजिक चेतना में पवित्रता का भाव है जिसे अवधारणा स्वरूप स्वीकारा गया।

वैसा ही भाव जीवन के प्रति भी होना चाहिए आप पवित्र है,आपके जीवन का भाव पवित्र है,मन,कर्म,वचन से सुद्ध है यही आपका जीवन यही आप का मूल है। आप को लोग गन्दा करेंगे हर प्रकार के विकार उत्पन्न करेंगे किन्तु यदि आपकी धारणा सुद्ध है प्रकृतिस्थ है तो गलत विचार धारा वाला व्यक्ति भी स्वयं में शुद्धता की आकंछा से आपके पास आयेगा।

ॐ

"विचार धारा"

व्यक्तिवादी,राष्ट्रवादी दो अलग विचार धारा है।व्यक्तिवादी विचार धारा केंद्रीय भाव में होने पर हम उतने नैतिक नहीं होते है।

इस परिस्थिति में साथ वही चल सकता है जो विचार धारा अनुकूल है।प्रतिकूल होने पर प्रतिस्पर्धा को बढ़ाने वाला है।

वही राष्ट्रवादी जनवादी विचार धारा होने पर स्वयं के साथ साथ अन्य विचार धारा के लोगो के प्रति भी समन्यवय का भाव होता है।

नैतिकता का बोध,सामाजिक जिम्मेदारी के निर्वहन केप्रति सजग वा प्रेरित करता है।घर,परिवार हो या समाज के उपेछित वर्ग,समुदाय,जन कभी समाज में सकारात्मक योगदान नहीं देसकते है।

यह सरकार पर निर्भर करता है समाज और सामाजिक जन किस प्रकार अपनी जिम्मेदारी का निर्वहन करते है।

यदि सरकार स्वयं में अनैतिक नकारात्मक प्रभाव से काम करती है। समाज पर भी इसका नकारात्मक असर पड़ता है जो कई तरह की सामाजिक बुराई के रूप में सामने आती है।

सरकार का नैतिक होना सिर्फ योजनाओ के माध्यम से विकाश की रुपरेखा के साथ सामुदायिक जन भागीदारी द्वारा सामाजिक सरोकार से जन भावना अनुरूप आदर्श स्थापित करना भी होना चाहिए।

सरकार की उपलब्धि का आकलन यदि वोट, सरकार चुने जाने के आधार पर है तो इसमें लोकतंत्र की विवशता देखी जासकती है।

कितनी ही सरकारे आई गई,राष्ट्रीय और छेत्रिय स्तर पर कही कोई छेत्र या वर्ग विशेष आर्थिक सामाजिक स्तर पर मानक के रूप में स्थापित नहीं देख सकते।

स्वयं से स्वयं की गलती नहीं देखी जाती,दिख भी जाये तो उसे छिपाने के कई लाख बहाने खोजे जाते है।

उसे उजागर कर अपयश या लाभ से वंचित नहीं होना चाहते। यदि बुराई परिस्थिति जन्य है वह छिप भी जाती है या समय के साथ बदलाव द्वारा,सहानुभुति द्वारा या बांकी अच्छे कर्म द्वारा नजरंदाज कर दिया जाता है।

वही यदि बुराई मूल में है आचरण,व्यवहार में है जो प्रत्यछ,अप्रत्यछ रूप से हानी पहुंचाती है।

अपने ही दोष को देखना और उसे स्वीकार कर दूर करना स्वयं से स्वयं में बहुत ही दुरूह कठिन है।

किन्तु व्यक्ति अकेले नहीं है,संसार में माध्यम से गतिमान है। आचरण से हीन दुर्गुणी होने पर व्यक्ति को अपने ही सामान लोग खोजने नहीं पड़ते ।

आंख बंद कर जो सबसे निकट प्रिय है उसका चुनाव कर,मन की आंख से उसके दुर्गुणों को देखने लगे।

जो उसमे दोष खोजे है,खोजने वाला भी उसी दोष से पीड़ित है। इलाज यही है सार्थक विचारो का सेवन चिंतन,मनन,एक से अनेक होने के भाव के साथ स्वयं का चरित्र निरूपण।

दर्पण की तरह जिसमे व्यक्ति स्वयं को देख सके,चरित्र का सार्थक मूल्याँकन कर सके।

महान चरित्र से ही महान राष्ट्र का निर्माण होता है महानता कुछ ख़ास औरो से अलग विशेष होने में नहीं अपितु काल कालांतर जो भी महान विभूतिया पूजनीय ,वंदनीय है, थे और रहेंगे वे सभी जन सामान्य अर्थ से है।

बुद्धिमत्ता का प्रथम सोपान है स्वभाव में सरलता। साधारण भाव से यदि समझे स्वाभाव में जितनी सरलता होगी,स्वीकार्यता भी उसी अनुरूप होती है। इसलिए सरल रहे ,जन सामान्य अर्थ से रहे।

❦

"संवाद कला"

जो बोल सकता है, बोलता है जो नहीं बोल सकता वह भी बोलना चाहता है।बोलना किसे अच्छा नहीं लगता यह इन्द्रियों का सबसे प्रभावोत्परक जीवन का सुखद अनुभव है।

व्यक्ति अपने भाव,विचार शब्दों के माध्यम कहना चाहता है,अपना प्रभाव बढ़ाना चाहता है।लेकिन ज्यादा बोलना,कम बोलना,बिलकुल भी न बोलना या संतुलित बोलना इन सब शब्द विचार श्रृंखला,संवाद कला

का अपना ही प्रभाव है।

जैसे ज्यादा बोलना सामान्य परिस्थि में जिनके लिए आदत,व्यवहार प्रवृति स्वीकार है जो आपके घनिष्ठ है अपनों के बीच चलता है।

वही सामाजिक स्तर पर व्यवहार प्रकट कर रहे है तो संतुलित भाव विचारो का चयन आवश्यक होता है।आवश्यकता से ज्यादा शब्द और विचारो का प्रवाह जिस विषय पर आप बात कर रहे है उसकी गरिमा को कम करता है।

हो सकता है आपके जरुरी विचार भी अनावश्यक शब्दों,विचारो के बोझ तले दब जाये।आप कहना समझाना कुछ और चाह रहे हो,उसका प्रभाव कुछ और ही पड़ रहा हो। इसका उत्तर भी स्वयं में छिपा है।

व्यक्ति कहने और सुनने दोनों ही परिस्थिति में मनोनुकूल व्यवहार की अपेछा करता है।बोलते समय स्वयं को उपयोगी साबित करना चाहता है।

सुनते समय स्वयं की उपयोगिता कम नहीं होने देना चाहता है।वही कम बोलना,बिलकुल भी न बोलने से अलग ही प्रभाव है। यदि आपके पास अवसर है आपको बोलना है आप कम बोलते है या बिलकुल भी नहीं बोलते है,व्यक्तित्व पर नकारात्मक प्रभाव पड़ता है।

वही यदि आप पहले से स्थापित सार्थक चरित्र के है तो कम बोले या बिलकुल न बोले,उसका प्रभाव सामने वाले के मनो-मस्तिष्क को रहस्योद्घाटन की तरफ लेजाने वाला होता है।

आपके चरित्र अनुकूल व्यक्ति स्वयं ही विचार श्रृंखला का निर्माण करने लगता है। यह सामने वाले व्यक्ति की धारणा पर निर्भर करता है उसका दृष्टिकोण कैसा है।

वही जिनमे परिस्थित को भांपने की कला विद्यमान होती है,संवाद कला में निपुण व्यक्ति हर बार स्वयं को नए तरीके से सामने लाते है जो लोगो के मनो मस्तिष्क में अलग ही कौतुहल का विषय पैदा करता है।

सामने वाला स्वयं को बोलने वाले की परिस्थिति अनुकूल ढालने की चेष्टा करता है।

वही वर्तमान समय की गला काट प्रतिस्पर्धा में हम संचार,प्रचार-प्रसार माध्यमों में व्यापार सुलभ वाणी-व्यवहार भी चलन में देखते है जहाँ लोग एक दूसरे को जाने समझे बिना सिर्फ अपनी बात करते है,शब्द और भाव से अपने लाभ की अपेछा करते है। यह एक तरह से विचारो का तकनीकि समन्यवय है।

व्यक्ति भावना से रहित यह एक तरह से यंत्रवत व्यवहार करता है। सुचना का जाल,तर्क और तथ्य की महत्ता पर बल देता है।

౷

"धर्म बोध"

कर्म कांड केप्रति आस्थावान में परिवर्तन की सम्भावना छिण होती है,चेतना समुन्नत विचारो का प्रवाह नहीं होता वह एक तरह से पिजड़े में बंद परिंदे की तरह है जो उड़ना तो जनता है किन्तु बाहरी गतिरोध होने के कारण सीमित संकुचित दायरे में जीवन यापन हेतु स्वयं को ढल लेता है।

मालिक कौन है ? व्यक्ति किसकी अधीनता में है ,वह वहम है,स्वयं की अछमताओ को ढकने का जरिया है।

विकार से युक्त जीवन धार्मिक कर्म कांड करता है,पाखंडवाद की यही विडम्बना रही,राजसाही व्यास गादी में बैठ कर लोग,आडम्बर पूर्ण व्यक्तित्व आचरण द्वारा धर्म के ठेकेदार बन जाते है।धर्म परिस्थिति का दास नहीं जो मनुष्य को गुलाम बनाये अपितु मानव जीवन हेतु कल्याणकारी मार्ग है।

धर्म वो है जो समानता लाये,धर्म वो है जो मनुष्य होने का बोध कराये,धर्म वो है जो अहम मै भाव से मुक्त कराये।धर्म वो है जो अनास्था वान में भी आस्था के बीज बोये।

चेतना की जड़ता को प्रकृति समुन्नत संवेदनशील बनाये। कर्त्व बोध से जीवन अपनाये।

॰

"अतीत की व्याधि"

अचानक से यदि किसी मत,पंथ,समुदाय द्वारा राष्ट्र बोध गौरव,इतिहास के हवाले से वहाँ रह रहे किसी अन्य मत,पंथ,समुदाय में बलपूर्वक परिवर्तन लाना चाहे।व्यवहारिक रूप से ऐसा कदाचित संभव नहीं है।

प्रत्यछ,अप्रत्यछ रूप से परिवर्तित या परिस्थिति जन्य किसी मत,पंथ,संप्रदाय को मानने वाले है जो कालान्तर सदियों से उनके अचार विचार जीवन पद्धति का हिस्सा रहे है।

वे इस बात को कभी स्वीकार नहीं करेंगे,सवाल सही गलत का नहीं सवाल आस्था पर है।

व्यक्ति की आस्था निजता की सूचक है उस पर हस्तछेप नहीं करना चाहिए जब तक वह अन्य की निजता पे हस्तछेप न करे।

यदि हर कोई एक दूसरे की निजता पे हस्तछेप करने लगे यह विभाजन कारी सिद्ध होगा।

राष्ट्रीयता का बोध,गौरव हर जिम्मेदार नागरिक में होना नैतिकता है जो होना ही चाहिए किस भी जाती,मत,पंथ संप्रदाय से हो,वहाँ रहने वाले लोग,लोगो की आस्था का सम्मान करना राष्ट्रीय एकता की भावना के अनुरूप है।

यदि सामाजिक कुछ विसंगतियाँ है जो लोक संस्कृति जीवन पद्दति का हिस्सा है।

उस मत,पंथ,संप्रदाय के धारणावादी लोगो की भावना को ठेस पहुंचाए बिना एक मत होने केलिए नियम कानून थोपना उचित नहीं है अपितु सामाजिक जागरूकता की पहल करनी चाहिए।

⚭

"स्वार्थ वृत्ति"

हद से ज्यादा स्वार्थी होने पर हर दृष्टिकोण से सिर्फ अपना ही लाभ देखने और विचार करने वाले मनुष्य सिर्फ अपनी जरूरतों पर ध्यान देते है।

जरुरत रहने तक हितैसी घनिष्ठ होने का ढोंग रचते है। जरूरते पूरी होने या कम ज्यादा होने पर अप्रत्यछ रूप से घात करने वाला होते है।

उसके पीछे यही मनसा होती है आस पास जो भी लोग है उनसे सामाजिक,आर्थिक रूप से बेहतर न हो।

वही सद्गुण हेतु मनुष्य को अपनी सार्थक दृष्टि जमाये रखनी पड़ती है क्योंकि यथार्थ में परिस्थियाँ कभी आदर्श पूर्ण नहीं होती जहाँ सभी एक समान व्यवहार करते हो। वही अवगुण कभी अकेले नहीं रहते अपने साथ वालो को भी अपनी तरफ खींचते है।

स्वार्थी होने पर लालच का होना स्वाभाविक होता है। नैतिकता,अनैतिकता पर विचार किये बिना और ज्यादा की मांग रखते है। जीवन से संतोष का कही कोई स्थान नहीं रह जाता।

भोगवादी,साधन संसाधन के उपभोग पर ही अपनी दृस्टि जमाये रहते है। यदि सबकुछ इच्छा अनुकूल चलता रहा तो अहंकार जैसे इंतजार में ही बैठा हो कब कोई उसके करीब से गुजरे और वो सर पे सवार होजाये।

काम वासना तो स्वाभाविक परिक्रिया में खींचे चले आते है। अवगुण की अधीनता में मनुष्य मानवीय संवेदना के गुणों से कोशो दूर अंततः पसुता को ही प्राप्त होते है।भार स्वरुप जीवन विकारो के भरण पोषण निर्वहन में खप जाता है।

"आर्य सभ्यता"

दुनिया का हर इंसान अपने अतीत को अपने वजूद को अपने पूर्वजो के इतिहास को जानना चाहता है:उसपर गर्व करना चाहता है और यदि इतिहास भी उतना ही गौरवपूर्ण समृद्ध हो तो इससे अच्छी बात भला और क्या हो सकती है।

प्राचीनकालीन इतिहास के पन्नो में सब से गौरवशाली प्राचीन और प्रामाणिक इतिहास है;ऋग्वैदिक सभ्यता,हमारे मन में कई तरह के सवाल होते है जैसे आर्य कौन है?कहा से अये?आर्य सभ्यता क्या है?सनातन धर्म क्या है?या कहे ऋग्वेदिक सभ्यता उनकी धार्मिक,सामाजिक,आर्थिक स्थिति आदि या और भी कई तरह के सवाल जैसे बांकी धर्मो की धार्मिक विचारधारा सनातन धर्म से किस तरह से सम्बंधित है।

आर्य सभ्यता के साक्ष्य आज से 5 हजार साल पुराने या कहें उससे भी पहले के हैं। आर्य के सम्बन्ध में जानकारी का प्रमुख श्रोत ऋग्वेद है जो विश्व का सबसे प्राचीन और प्रामाणिक ग्रन्थो में से है इसी ग्रन्थ के अनुसार -सत्य,अहिंसा,पवित्रता,आदि गुणों को धारण करने वाला आर्य होता है।

जो इन चीजों को नहीं मानते थे उन्हें "अनार्य‘ या दस्यु कहा जाता था। ऋग्वेद में इंद्र को सब से प्रतापी देवता के तौर पर बताया गया है जो जल के देवता माने जाते है। दूसरे सबसे महत्वपूर्ण देवता अग्नि और तीसरे महत्वपूर्ण देवता वरुण थे। आर्य मुख्यतःप्रकृति की पूजा स्तुति

पाठ,यज्ञ और आहुति के माध्यम से करते थे।

ऋगवेद में 1028 पद्य है जो मंत्र और श्लोक पर ही आधारित है। आर्यों के प्रकृति पूजा के पीछे का धार्मिक आधार बारिश और पानी की वजह से तरह-तरह की फसल वनस्पतियो का जर्मीन पर उगना इसके अलावा आदिम काल से ही मानव जीवन में आग का विशेष महत्व था।

जैसे आग से रोशनी पैदा करना, खाना पकाना इत्यदि। इन सब कारणो से उनके दिमाग में यह विचार होना स्वभाविक था की कोई न कोई प्राकृतिक सक्ति मौजूद है जो इस धरती को नियंत्रित करती है।

यह भी संभव है की इसी धार्मिक मान्यता के आधार पर त्रिदेव यानि ब्रह्मा,विष्णु और महेश की अवधारणा को बल मिला हो कई धर्म ग्रन्थ इसके बाद में लिखे गए है और उस समय वैदिक काल में मूर्ति पूजा का प्रचलन नहीं था।

मूर्ति पूजा का प्रचलन उत्तर वैदिक काल और गुप्त काल से माना जाता है। आर्यों की आर्थिक स्थिति के सन्दर्भ में ऋगवेदिक सभ्यता तत्कालीन उस समय की मौजूदा अन्य सभ्यता से बेहतर थी।

ऋग्वैदिक सभ्यता कृषि प्रधान गेंहू और जौ की खेती पर अधिरित थी। आर्य उस समय प्रमुखता से इसके अतिरिक्त,मटर,सरसो और तिल की खेती भी करते थे।

सर्वप्रथम कपास की खेती भी आर्यों ने ही प्रारम्भ की। आर्यावर्त के बारे में जानते है आर्यावर्त अर्थ है"श्रेष्ठ जनो का निवास स्थान"आर्यों के निवास स्थान को ले कर काफी विरोधाभास है कुछ इतिहासकारो का मत है,आर्य ईरान से आये कुछ कहते है जर्मनी से,कुछ कहते है ध्रुवीय प्रदेश से या मध्य एशिया से।

सब के आपने-अपने अलग मत है लेकिन आर्य कहाँ से अये इसका कोई सटीक और स्पष्ट प्रमाण नहीं है।

आर्य यही के मूल निवासी है या कही बाहर से आये इस बात की सच्चाई को तथ्यों के माध्यम से परखने की कोशिस करते है क्योंकी उस समय की तत्कालीन परिस्थितियो और मिले प्रमाणों के साक्ष्य के आधार पर देखा जाये तो सम्पूर्ण दक्षिण एशिया का भूभाग आर्यावर्त के अन्तर्गत आता था जिसे "भारतीय उपमहाद्वीप" के नाम से भी जाना

जाता था।

उस समय आर्यावर्त मध्य एशिया के सम्पूर्ण भूभाग में फैला था और उसकी सीमाएं समय-समय पर बदलती रही। आर्यावर्त पहले काबुल अफगानिस्तान के कुम्भा नदी से लेकर उत्तर भारत में गंगा नदी तक तथा कश्मीर की वादियों से लेकर नर्मदा नदी के उस पार या कहे मध्यभारत दक्षिण भारत जो उस समय जलमग्न था।

वर्मा,तिब्बत आदि सभी आर्यावर्त का हिस्सा रहे है। 1 हजार से भी ज्यादा साक्ष्य आर्य के भारतीय उपमहाद्वीप से प्राप्त हुए है और कही से नहीं।

ऋगवेद में सिंधु और सरस्वती नदी का विशेष तौर पर जिक्र है इन नदियों के किनारे स्थित"मोहनजोदाड़ो"और"हड़प्पा वैदिक काल" की प्रमुख विकशित सभ्यता में से एक थी।

पाकिस्तान के लरकाना नामक जिले में मोहनजोदाड़ो के खंडहर आज भी मौजूद है जिसे "मृतकों का टीला" कहा जाता है। सायद वो सभ्यता किसी प्रकृतिक आपदा की वजह से नष्ट हुई लेकिन इतिहास से कोई स्पष्ट प्रमाण नहीं मिलता है।

इस सभ्यता के नष्ट होने की कई इतिहासकारो के अपने अलग -अलग मत है। हालिया एक फिल्म भी मोहनजोदाड़ो पर बनी थी जिसमे इस सभ्यता के नष्ट होने की वजह बाढ़ दिखाया गया है जो स्पष्टः सत्य नहीं है।

अब आते है"हड़प्पा सभ्यता"की तरफ हड़प्पा पाकिस्तान के"मांटगोमरी" जिले में स्थित है जंहा से प्रचुर मात्रा में आर्य सभ्यता के प्रमाण मिले है जैसे,गेंहू,जौ,पीतल के बर्तन,स्वस्तिक के निसान आदि।

इसी तरह और भी कई प्रमाण मिले जो अन्य जगहों से भी प्राप्त हुए है जो ज्यादातर उत्तर भारत में स्थित है जैसे "लोथल "गुजरात के अहमदाबाद में "भोगवा नदी"के किनारे "काली बंगा" जो राजस्थान में है,आलमगीरपुर जो उत्तर प्रदेश में है ,सुरकोतड़ा जो गुजरात के कक्ष जिले में है,रोपड़ जो पंजाब में है "वनमाली" हरियाणा जैसी कई कई जगहो से मिले साक्ष्य आर्यो के भारतीय उपमहाद्वीप से होने का प्रमाण देते है।

अब बात आती है फिर ये भ्रम कैसा ,भ्रम क्यों फैलाया गया की आर्य बाहर से आये इसकी वजह है;भारत में ब्रिटिश शासनकाल के दौरान इतिहासकारो ने भारतीयों को भ्रमित करने और देशभक्ति की भावना को कम करने के लिए 'इंडो-आर्यन माइग्रेशन थ्योरी" दी।

जिसका समर्थन वामपंथी विचार धारा वाले लोग तथा कुछ निम्न वर्गीय समुदाय से सम्बद्ध रखने वाले दुर्भावनापूर्ण विदुशक लोगो ने इस सिद्धांत को बल दिया।

उन लोगो का मानना था की द्रविड़ और आदिवासी वर्ग के लोग ही यहाँ के मूल निवासी है।

अब जानते है 'इंडो-आर्यन माइग्रेशन थ्योरी" में कितनी सच्चाई है;वैज्ञानिको ने एक शोध के माध्यम से बताया की प्राचीन उत्तर भारतीय लोगो में और यूरेसियाई लोगो के जींस में समानता पायी गई यूरेसियाई का अर्थ होता है यूरोप और एशिया के निवासी। इनके जींस में तो समानता है लेकिन इस बात के कोई स्पष्ट प्रमाण नहीं है की आर्य पहले यूरोप गए या फिर यूरोप के लोग भारत पहले आये।

लेकिन तथ्यों से तो यही मालूम होता आर्य उस समय एक विकशित सभ्यता थी। भौगोलिक परिवर्तन और व्यपार के चलते आर्य ही पहले यूरोप गए होंगे।

अब आते है आर्य और द्रविड़ पर द्रविड़ यानि दक्षिण भारतीय मूल निवासी इतिहासकार तो इन्हे आर्यो से अलग बताया है लेकिन अमेरिका और भारतीय वैज्ञानिको ने शोध में आर्य और द्रविड़ के जींस में समानता पाई दोनों ही एक ही पूर्वजो की संताने है ऐसा इनका मानना है और इस दावे के पीछे वैज्ञानिको का एक ठोस कारण भी है।

वैज्ञानिको ने यह शोध कई उत्तर और दक्षिण भारतीय राज्यों में विभिन्न जाती समुदायों,ऊँची और नीची जाती में किया और सभी में साझे अनुवांशिक सम्बन्ध पाए गए यानि एक साथ कई समुदायों के बीच सम्बन्ध 'इंडो-आर्यन माइग्रेशन थ्योरी" को पूरी तरह से नकारती है।

लेकिल अभी जो इतिहास पढ़ाया जा रहा है 'इंडो-आर्यन माइग्रेशन थ्योरी"पर ही आधारित है लेकिन भविष्य में इस संभावना से इंकार नहीं किया जा सकता की ये शोध एक नया इतिहास लिखने का कारण बने।

अब आते है "हिन्दू"शब्द की अवधारणा पर जिसको लेकर कई तरह की भ्रांतिया और मिथक है। इतिहासकारो का कहना है ये शब्द अरबी और ईरानियों द्वारा दिया गया। दूसरी तरफ भाषाविद्वानों का कहना है की सिंधु नदी के इस पार रहने वाले लोगो को ईरानी लोग हिन्दू शब्द से सम्बोधित करते थे क्योंकी "सा" का उचारण ईरानी भाषा में 'ह" ध्वनि में बदल जाता है।

तथ्यों के माध्यम से इस बात में कितनी सच्चाई है जानते है;पारसी ईरान के मूल निवासी थे और पारसी धर्म की स्थापना आर्य की एक सखा से 700 ईसवी पूर्व अत्रि कुल के लोगो से हुई थी बाद में पारसी धर्म को संगठित रूप जरथुष्ट ने दिया जिन्हे पारसी धर्म का संस्थापक माना जाता है और पारसी लोग इन्हे अपना भगवान् मानते है यदि पर्सिओ को 'सा" ध्वनि के उच्चारण में समस्या होती तो संस्कृत को "हंसकृत" कहते।

वर्तमान पाकिस्तान के सिंध प्रान्त को "हिन्द "प्रान्त कहते सिंधी समुदाय के लोगो को भी "हिंदी" या "हिन्दू" कहते।

"सिंधु"नदी को हिन्दू नदी कहते लेकिन ऐसा नहीं था इनको इनके मूल नाम से ही जाना जाता था।

पार्सिओ की किताबो के पूर्व भी सनातन धर्म के धर्म ग्रंथो में हिन्दू शब्द मिलत है जैसे ऋग्वेद में सप्तसिंधु का उल्लेख मिलता है ,सप्तसिंधु का अर्थ होता है वह भूमि जंहा आर्य रहते है।

कुछ विद्वानों का मानना है की हिमालय से हिन्दू शब्द उसकी भौगोली पहचान की वजह से सामने आया हिमालय का पहला शब्द "ह"और उस समय सनातन धर्म में ज्योतिष शास्त्र का विशेष महत्व था जिससे चन्द्रमा का पर्यवाची शब्द"इन्दु"को मिला कर "हिन्दू" शब्द पड़ा।

इस तथ्य के पीछे एक ठोस कारण है उस समय सम्पूर्ण आर्यवर्त में केवल वैदिक धर्म को मानने वाले लोग थे और कोई धर्म नहीं था इसलिए हिन्दू शब्द सम्पूर्ण आर्यवर्त के लोगो के लिए प्रयोग में लाया गया।

इसका अर्थ इतिहासकारो के इस दावे में भी कोई सच्चाई नहीं।अब बात करते है सनातन धर्म की;सनातन धर्म प्रकृति की पूजा पर आधारित

धर्म है। इस धार्मिक फिलॉसफी को मानने वाले लोग मूर्ति पूजा नहीं करते जैसे आर्य समाज के लोग।

हिन्दू धर्म जो सनातन धर्म के सिद्धांतो के साथ-साथ मूर्ति पूजा पर भी आस्था रखते है जिसके अंतर्गत सभी वेद, पुराण और उपनिषद और बांकी धर्म ग्रन्थ सम्मिलत है। सनातन एक धर्म है जो नियमो और सिध्यांतो पर आधारित है जबकि हिन्दू एक सब्द है जो बाद में संस्कृति का रूप लेलिया।

कालांतर में गुप्त काल से लेकर अब तक विभिन्न संस्कृति,धर्म और सभ्यता को हिंदी अपने आप में समाहित कर सम्पूर्ण भारतीय सभ्यता का प्रतिनिधित्व करती है और ये शब्द आज सम्पूर्ण समाज का परिचायक है। इसलिए हिन्दू को एक धर्म के नजरिये से देखना और विरोध करना सर्वथा अनुचित है।हिन्दू सभ्यता में,मूर्ति पूजा करने वाले,बौद्ध,जैन,इस्लाम,सिक्ख,पारशी और यहूदी सभी समाहित है।

यदि कोई दूसरे धर्म को मानने वाला व्यक्ति सनातन धर्म का विरोध करते है तो वह अपने धर्म की मूल भावना से भटक जायेंगे और वो भला कैसे कुछ तथ्यों के माध्यम से समझते है;सनातन का अर्थ है जिसका न आदि है न अंत इस तत्व को ही सनातन कहा गया है।यह सास्वत है।सदा के लिए सत्य है ।

जिन बातो का सास्वत महत्व है वही सनातन है जैसे सत्य सनातन है। ईश्वर सनातन है।आत्मा सनातन है।मोक्ष सनातन है और इस सत्य के मार्ग को बताने वाला सनातन धर्म भी सत्य है।

सनातन धर्म ईश्वर,आत्मा,और,मोक्ष को तत्व से यानि अंतरात्मा,इंद्रियों और ध्यान से जानने का मार्ग बताता है। मोक्ष की अवधारणा भी सनातन धर्म की देंन है जो बौद्ध और जैन धर्म के प्रमुख सिद्धांतो में से एक है।

मोक्ष का अर्थ होता है अपनी अंतरात्मा से ईश्वर को जानना जिसके बाद इंसान जन्म और कर्म के बंधन से मुक्त हो जाता है।

मोक्ष एकनिष्ठा, ईश्वर के प्रति समर्पण का भाव,ध्यान,मौन,तप,यम,नियम के अभ्यास और जागरण द्वारा ही पाया जा सकता है इसके अतिरिक्त अन्य कोई मार्ग नहीं है।

अब इस्लाम और ऋग्वेद में क्या सम्बन्ध है जानते है-ऋग्वेद में सम्पूर्ण विश्वा को आर्य बनाने का सन्देश दिया गया है और कुरान में भी कुछ ऐसा ही कहा गया है जैसे पूरे मानव समाज का इस्लामीकरण करना।

ऋग्वेद में आर्य को ईश्वर पुत्र से सम्बोधित किया गया है ठीक उसी प्रकार इस्लाम के प्रवर्तक पैगम्बर मोहम्मद साहब ने अपने आप को अल्लाह का सच्चा मसीहा कहा जिनका काम भटके हुऐ लोग जो गलत काम करते है उन्हे सही रास्ता दिखना है।

कुरान के अनुसार ईसाई धर्म के प्रवर्तक ईसामसीह भी अल्लाह के पैगम्बर है जिन्होने अल्लाह की पेशकस को ठुकरा दिया और अल्लाह की सत्ता पर यकींन नहीं किया।

इस तथ्य के आधार पर कहा जा सकता है की इस्लाम को मानने वाले लोग मुसलमान और इस्लाम को ना मानने वाले लोग "काफिर" हुऐ जिस प्रकार सनातन धर्म के सिद्धांतो पर चलने वाले लोग आर्य और न चलने वाले लोग अनार्य हुए।

ऋग्वेद के अनुसार जो लोग परमतत्व और परमेश्वर को नहीं मानते वे लोग असत्य में गिरते है और मृत्युलोक के अंधकार में पड़ते है।कुछ ऐसा ही कुरान में भी है जो अल्लाह पर यकींन नहीं करते उसकी सत्ता को नहीं मानते वो लोग जहन्नुम को जाते है और कई तरह की यातनाये पाते है।

ऋग्वेद के अनुसार सम्पूर्ण जगत की उत्पति परब्रहम यानि एक ईश्वर से हुई,पूर्ण ब्रह्म से सम्पूर्ण जगत की उत्पति होने पर भी ब्रह्म की पूर्णता में कोई कमी नहीं आती अर्थात ईश्वर शेष रूप में भी पूर्ण है। कुरान में भी यही बात कहता है सम्पूर्ण जगत की उत्पति अल्लाह से हुई।

वह अपने आप में पूर्ण और समर्थवान और दोष से रहित है।ऋग्वेद में जाति और संप्रदाय के आधार पर तो कोई भेद नहीं है लेकिन गुण,कर्म और स्वाभाव आदि से इंसानो को दो भागो में बांटा गया है -पहला "आर्य"दूसरा "अनार्य" या दस्सू कहा गया है।

आर्य वो लोग होते थे जो परिश्रम से अपना कल्याण करते है,दूसरी तरफ अनार्य या कहे दस्सू जो भ्रष्ट स्वार्थी और दूसरो को हानि पहुंचने वाले होते है इसीलिए आर्य यानि श्रेष्ठ मनुष्य ही भूमि और पदार्थ पाने के काबिल है इसका मतलब धरती पर मौजूद सभी प्रकार की सुख-सुविधाओं के उत्तराधिकारी केवल आर्य है।

कुरान के अनुसार जो अल्लाह को मानते है यानि इस्लाम के नियमो का पालन करते है वही लोग अल्लाह के करीब और धरती पर मौजूद समस्त पदार्थ,सुख-सुविधाओं के भोग के अधिकारी है।

सनातन धर्म और उसकी धार्मिक अवधारणा के आधार पर ये बात साफ है की बांकी धर्मो के धार्मिक सिद्धांत और विचारधारा इसी धार्मिक सिद्धत के इर्द-गिर्द घूमती है।

दार्शनिक नास्त्रोदय ने धर्म के सन्दर्भ में एक बात कही थी "धर्म अफीम की तरह होता है लोगो को धीरे-धीरे पिलाओ और उनपे राज्य करो" ऐसा होता है और होता रहेगा,किन्तु इस आधार पर धर्म की उपयोगिता को सिरे से ख़ारिज नहीं किया जासकता है।

इतिहास और उस समय की मौजूदा परिस्थि धर्म ग्रंथो के आधार पर एक और निष्कर्ष निकल कर सामने आता है की धर्म को इंसानो के बीच प्यार,सहिष्णुता,भाईचारा बढ़ाने और उनको संगठित कर फिर उनपर धर्म को शासन का आधार बनाया गया।

आर्य ऋषि और विद्वानों द्वारा सबसे पहले धर्म की संकल्पना कीगई फिर इसे शासन का आधार बनाया इसके सुखद परिणामो से प्रभावित होकर बाकि धर्म के विद्वानों ने अपने समर्थ के अनुसार धर्म को जानने की कोशिश की होगी।

ॐ

"काल के गाल फसा लोकतंत्र"

भारतीय मीडिया खबर को बाज़ार मे बेचना ही लछय है।समाज मे असुरछा की भावना प्रबल कर सत्ता के साथ संतुलन बना कर पूंजी

बाज़ार मे पकड मजबुत करना ? जो भी कारण हो किन्तु देश के अनुरुप व्यवहारिक कदाचित नही है।देश अर्थिक और सामरिक कई तरह की विपदाओं से दो चार है ।

सत्ताधारी सरकार पर सवालिया निशान है ।समस्या को दबा देना या टाल देना निराकरण नही अवश्यम्भावी गंभीर चुनौती का निमंत्रण है ।

सरकारी समर्थन के नाम प्रसार प्रसार संस्थानो द्वारा जनसमूह की अवहेलना सर्वथा अनिष्टकारी है।सरकार के अनुरूप मिडिया पूरी तरह ढल चुकी है,प्रपोगेंडा चलन में है,जनता लोकतंत्र से नदारद है।

ब्रांड कैमपेनिंग वाले नेता,अभिनेता ब्रान्डेड जुते चप्पल कपडे पहने उससे पहले अपनी सोच भी तो ब्रान्डेड करे जिसे उसे भी लगे किसी ब्रान्डेड सोच वाले ने पहन रखा है।

हर व्यक्ति का अपना कही ना कही व्यक्तिगत निजी निहित स्वार्थ होता है।

रूलिंग गार्मेंट से सीधा टकराव नही चहता है लेकिन जागरुकता,कर्तव्य बोध हर व्यक्ति समाज में अपने देश के प्रति होना ही चाहिये।मसला पछ और विपछ का नही है, उनसे सवाल करेंगे भी तो क्या वे कभी उसका जबाब देंगे?उनके पास कोई जबाब होगा तो देंगे।

वे स्वयं ही सवाल और जबाब है। सही और गलत के चुनाव मे स्वछंद सरकार स्वयम ही स्वयम को प्रमाणित करती है।

आप सही को सही गलत को गलत तभी कह पायेंगे जब आप स्वयं मे सही हो,स्वयं कटघरे मे खडे होकर न्याय की कुर्शी पर बैठे व्यक्ति से सवाल नही कर सकते करेंगे भी तो कोई लाभ नही होगा।

निर्णयकर्ता यदि दोषी है तो जनता ही उसे कटघरे मे ला सकती है।उसकी निरंकुश तानासाही आसक्ति पर रोक लगा सकती है।

जनतंत्र मे जनता का प्रस्ताव अध्यादेश की तरह होना चाहिये जो सरकार की निरंकुशता पे अंकुश लगाने केलिए बाध्य करे।

सरकार को जब तक यह बोध नही होगा वह गलत है,सही होने की सम्भावना छीण है ।सभ्य समाज के पुरोधा पत्रकार दुश्मन मुल्को की मिट्टी पलीद करने मे दिन रात एक कर देते है लेकिन उन्हे यह दिखाई नही पड़ता उनके अनुसार उनसे अपेछाकृत कमतर सोच वाले अपने मुल्क के मसाईल,अवाम के प्रति जागरुक है।

दिन रात आपने वजीर को लताड़ लगाते है ये अलग बात है उनपर अलोचना का कोई असर होता नही किन्तु सहर्ष मन से स्वीकार की भावना होनी चाहिये।

अपनी अछ्म्यताओ सीमाओ को जनता के सामने रखना चाहिये जो वे करते भी है।

यह सरकार की नैतिक जिम्मेदारी है,कमी होना बुरी बात नहीं किन्तु उसे दूर करने का सार्थक प्रयाश होना चाहिए न की एक कमी को छुपाने केलिए सौ झूठ का सहारा लेना चाहिए।

खैर सरकार को नैतिकता का अह्सास दिलाएगा कौन ?मेरी बिल्ली मुझी से म्याऊँ ,मेरा खाओ,मुझी को आंख दीखाओ।

नही वो आप को अपनी कमाई से नही खिलाते किसी और का हक छीन कर आपको अपने फायदे केलिए इस्तेमाल करते है।

मीडिया को तात्कालिक फायदा तो होगा जो समंदर मे कुछ बँद की तरह है लेकिन सरकारी खजाना ना मीडिया का है ना सरकार का है,जनता का है जो विकाश से वंछितहै।

कमाई वाले हाँथ ज्यादा होंगे तो फायदा भी ज्यादा होगा और सबका होगा।

इसके लिये ये ओछी गले मे पट्टा डालने की राजनीति से विलग होना पडेगा।

देश की खाओ,देश की बात करो सायद सरकारी कृपा से महरुम होजाओ किन्तु आत्म उन्नति के मर्ग पे अंगे बढ चलोगे।

सरकार को उसकी जिम्मेदारी के प्रति सचेत करे यदि सरकार अलोचना को नजरअंदाज करती है ।जनता के पास जाये।

सरकार देश केलिए है,देश सरकार केलिए नही है।देश के समग्र विकाश केलिए व्यापक परिवर्तन की आवश्यकता है जो नौकरसाही राज मे सम्भव नही है।

भविष्य मे यदि नौकरसाही व्यवस्था के स्थान पर अन्य व्यवस्था लागू की जाएगी तो उस बदले हुए स्वरुप में जनभागीदारी प्रमुखता से होगी ।

❦

"आत्म सामर्थ"

सर्वसमर्थ तथा असमर्थ ये दो आजन्म आत्मा है भोगने वाले जीवात्मा केलिए उपयुक्त भोज्य सामग्री से युक्त अनादि प्रकृति एक तीसरी सक्ति है। इन तीनो में जो सर्वभौमिक तत्व है,शेष दो से विलग कर्ता के अभिमान से रहित है।

इन तीनो के एकीकरण होने पर मनुष्य सभी बंधन से मुक्त हो जाता है। यहाँ पर बंधन से मुक्त होने का अर्थ सब प्रकार से मन में उठने वाले भाव से है ।भोग से युक्त सम्पूर्ण विषयों के प्रति अनासक्ति का भाव मोछ के कारण स्वरुप है।

***

"न्याय -नीति"

न्याय अनुकूल होने के लिए नीति और नीयत की आवश्यकता होती है। राजनीति में न्याय की आवश्यकता ही नहीं तथ्यों को इतना तोड़ मरोड़ दो की तथ्य तथ्यहीन होजाये अपना अस्तित्व ही खोदे।सही और गलत का भेद ही मिट जाए,सत्य का सन्दर्भ सत्ता अनुकूल हो जाए। कहने का तात्पर्य राजनीति और न्याय दोनों ही विरोधा भाष की स्थिति में है।

❧

"सत्य vs असत्य"

"झूठ वाले सीधे और सरल माने जाते है ।वही सच वाले टेढे और उल्टे माने जाते है।

इसका सीधा अर्थ यही है दुनिया झूठ से बनी है।झूठ वाले दुनियावी फ्रेम मे ढल जाते है।सच वाले विवादस्पद किनारे हो जाते है।

सच की खोज मे जीवन सदैव से सच की ओर उन्मुख रहा है।

झूठे बयार से पार उतरने की चेष्टा करता रहा है।यही सोचता है उसे सच कहाँ मिलेगा सच वाले को ढूढता है।बहुतेरे सच और झूठ के दर्मिया अधर मे ही लटक जाते है।

जिसकी प्यास सागर सी जगी हो विरले ही उस तक पहुँच पाते है ।

❧

"विचार-सेवन"

अमूमन हर व्यक्ति का मन ज्यादातर सम्भोग और धन के विचरण में ही लगा रहता है।

जीवन के लिए मूलभूत आवश्यक चीज है,जिसके पास नहीं है उसके लिए सब कुछ है,जिनके पास है उनके लिए कुछ भी नहीं है।

हर समय इसी विषय पर चिंतन स्मरण करने से कई और मनोविकार को जन्मती तथा जीवन की गति को असंतुलित करती है।ऐसी अवस्था जीवन के मूल उद्देश्य से भटकाव का कारण है।

बुराई बुरी है फिर भी चाह कर भी रोक क्यों नहीं पाते ? कहना जितना आसान है,पालन उतना ही मुश्किल है।

मन बांधे नहीं बांधता,लगाए नहीं लगता, स्वतंत्र प्रवाह से ही गति करना चाहता है, दलदल में धसता जाता है जो प्रयासों द्वारा भी बाहर निकल नहीं पाता।

निकलना भी कौन चाहता है ? इसी में तो मज़ा है। लेकिन जो गहरे तक धंस गया,घर का रहा न घाट का,निकलना चाहे तो निकल नहीं पता,पूरी तरह धसना चाहे तो गहरे तक उतर नहीं पता,एक पाँव यथार्थ में तो एक पाँव सांसारिक जंजाल में ।

ऐसे ही उहा-पोह में जीवन ढका जाता है। अंदर से कोई आवाज आती है ? नहीं आती ,आत्मा कूड़े के ढेर में दब गई,कभी-कभी जीवित होने का अहसास कराती है।

समय ही नहीं मिलता,काम बहुत है,एक बार ये फला काम अच्छे से होजाये,फिर कोई चिंता नहीं आराम से सुनेंगे। चित्त में चिंता बेलगाम घोड़े की तरह सरपट दौड़ती चली जाती है।

मन के माने मान है,मान लिया यही भगवान है,इसमें गलत क्या है, हर समय,सोते जागते इसी में ही मन लगा रहता है तो इसकी पूजा करने में बुराई क्या है? जिसे भजोगे,उसे ही प्राप्त होंगे ? संसार का नियम तो यही कहता है। फिर क्या देवता प्रसन्न होगये ? जिसे भजा वह प्राप्त होगया, व्यवसाय खोल कर देदिया,जीवन में सब आनंद मंगल।

लेकिन ये मस्ती ज्यादा दिनों तक खटाती नहीं,कुछ समय ही गुजरे फिर से जीवन निराश,उबाऊ और तनाव से भर गया जीवन ही कूड़े का ढेर होगया। फिर से कोई देवता खोजो जो जीवन को सास्वत और टिकाऊ बनाये।

"जीवन टिकाऊ तभी होगा ,जब यह बोध होगा,जीवन पद्धति अनुसार किन विचारो का कितना सेवन करना है।"

૭૭

"आत्म उन्नति"

जो जगा हुआ है वही जगाता है;माँ घर में सबसे पहले उठती है,फिर घर के बांकी सदस्यों को उठाती है,कभी डांट फटकार,दुलार,प्रेम से अपने जीवन के अनुभव,अर्जित ज्ञान द्वारा राह-रीति,जीवन कर्म पथपर आगे बढ़ने के लिए प्रेरित करती है।

उसके लिए हम ही उसका संसार है,अपना सर्वस्व न्योछावर करती है बदले में कुछ नहीं मांगती।

वह ऐसा क्यों करती है ? हृदय से बस यही भाव उठता है क्योकि वो हमारी माँ है,उसका दायित्व,कर्तव्य है,स्वाभाविक है किन्तु सांसारिक ज्ञान अनुभव हमारा अलग है या कही बेहतर समझ है सो अनसुना कर,दूसरो की देखा-देखि सांसारिक राह रीति पथ पे चलना सुगम मालूम पड़ता है।

संसार से तो संसार ही प्राप्त किया जा सकता है और ये संसार कब किसे प्राप्त हुआ? सोये हुए केलिए जीवन मृत्यु एक समान है,सुख-दुःख में तो पड़ता है किन्तु जीवन को प्राप्त नहीं कर सकता है।

यहाँ माँ हमारी अंतरात्मा,हमारी चेतना है जो हमें जन्मती है,पालती-पोसती जीवन का समुचित बोध कराती है,आलश्य,छल, छद्म,बैर,द्वेष,वासना,प्रमाद अदि की सैया में लेटने से रोकती है जो भाव रूप से शरीर को सांसारिक बंधन में बाधने वाले है उनसे सचेत करती है।

⚬⚬

"प्रेमभाव"

"प्रेम अंतरात्मा का अप्रकट भाव है अप्रत्यछ जीवन भी है।प्रेम जीवन की रसधार है,प्रेम जीवन के उद् भीज का कारण और चरम स्खलन भी है।जो हमें दिखाई नहीं देता लेकिन बढ़ता उसी तरह है जिस प्रकार एक सामान्य जीव देह का विकाश होता है।
प्रेम और जीव देह की परस्पर और समान्तर समानता है अप्रकट जीव देह है जीव देह का भाव है,श्रष्टि का कारण और आधार भी प्रेम ही है।

प्रेम की व्याख्या करना एक बड़ा ही मुश्किल कार्य है इस विषय पर जितनी भी बात की जाये कम है। शिशु के जन्म लेने के बाद उसके माता-पिता द्वारा हर समय नजर रखते है,कही उसे,सर्दी,गर्मी तो नहीं लग रही,शिशु के मनोभाव को समझने की कोशिश करते है।

ठीक उसी प्रकार जब दो विपरीत लिंगो के मध्य प्रेम पनपता है,तब दोनों एक दूसरे की छोटी-छोटी बातो पर,व्यवहार पर नजर रखते है,एक दूसरे के मनो भाव को समझने की कोशिश करते है।

सुरूआती अवस्था में यह एक शिशु की तरह बड़ा ही नाजुक होता है,जरा सी भी विपरीत परिस्थिति सहन नहीं कर सकता है।

अपने अस्तित्व के लिए संघर्ष करने लगता है,अपने अस्तित्व की रच्छा करने में असमर्थ बहरी परिस्थि अनुकूल न हुई तो शिशु रूपी प्रेम पुष्प का अंत हो जाता है।

उसी प्रकार प्रेम भी शिशु अवस्था में स्वयं की सुरछा करने में असमर्थ है,शिशु और प्रेम दोनों के उत्तरोत्तर वृद्धि के लिए,शिशु का जीव देह के प्रति आसक्त भाव और प्रेम में निःछलता उतनी ही आवश्यक है।परिस्थितियां कितनी भी अनुकूल हो यदि दोनों के आधार उर्वर नहीं है तो कितना भी सिंचित करे दोनों का विकाश संभव नहीं होपाता है।

फिर जैसे-जैसे शिशु बालक बनता है,माता पिता द्वारा समय समय पर लालन-पालन किया जाता है,भार थोड़ा कम लगता है, उसी प्रकार प्रेम भी बढ़ता है।

हर समय फिकर करने की जरुरत नहीं पड़ती,प्रेम के अंदर विश्वास धीरे धीरे स्वत: ही पनपने लगताहै।

बालक जैसे जैसे युवा अवस्था में प्रवेश करता है,अपने कार्य स्वयं करने लग जाता है माता पिता का दायित्व देख-रेख करना और दिशा-निर्देशन करना बस होता है।

उसी प्रकार प्रेम का आधार भी मजबूत होता जाता है,प्रेम में समर्पण का भाव आजाता है,वृछ की भांति दोनों पुष्पित और पल्लवित होने लगते है।

पग डंडी से चल कर जीवन और प्रेम रूपी गाड़ी हाईवे पर आजाती है,गाड़ी में समय समय पर ब्रेक लगाकर बस सामंजस्य बिठाने की आवश्यकता पड़ती है ।

"जीवन व्युत्पत्ति क्रम"

"सतही तौर पर चीजों को यदि देखे तो विकाश का क्रम हमेसा से सामानांतर ही रहा है।एक कोशिकीय जीव से लेकर बहुकोशिकीय जीव तक,उसी प्रकार जीवन का क्रम भी बचपन से लेकर जवानी,बुढ़ापा फिर फाइल डिलीट होगई।समय,गतिशीलता की अनुभूति के साथ-साथ सीधा ही बढ़ता रहता है,आगे पीछे दाएँ बाँये नहीं चल सकता।

बैल-गाड़ी से सीधा,हवाई जहाज में पहुँच गया कैलकुलेटर से सीधा,क्वांटम कंप्यूटर ऐसा नहीं हुआ लेकिन ऐसा मानलेना उचित नहीं होगा...ऐसा ही होता आया है...तो ऐसा ही होगा...होसकता है...मालूम भी न चले और आर्डर चेंज हो जाये...कुछ बीच के स्टेप क्रॉस कर कुछ आगे स्टेप में चले जाये ?

सामानांतर दुनिया के सन्दर्भ से यदि देखे तो ब्रह्माण्ड कई आयामों में बटा है,हर आयाम की विशेषता है ऐसा कहना बड़ी ही बचकानी सी बात होगी,हो सकता है दिलचस्प भी हो क्योकि सही और गलत क्या है,यह भी तो महज "ऑब्ज़र्वेशन "जो कई स्तर पर सेट है।

मानव का ऑब्ज़र्वेशन भौतिक या कहे पदार्थ तक ही सीमित है। जो हमें ऑब्ज़र्व कर रहा है जिसे आस्तिक ईश्वर समझे नास्तिक जिसमे उनकी धारणा हो वो समझे क्योकि बिना किसी धारणा के भौतिक संसार में किसी भी जीव का अस्तित्व संभव नहीं है। कोई धारणा न होना भी एक धारणा है जिसके पीछे उसका कारण आधार है।

उस धारणा स्वरुप पारलौकिक सक्ति का ऑब्ज़र्वेशन अभौतिक या किसी और अस्तर पे होगा ।

जैसे हम हर चीज सीखने के दौरान एक प्रोसेस विधि अपनाते है करते है सीख लेने के बाद हम कुछ ट्रिक ढूढ़ लेते है या इजाद कर लेते है कुछ स्टेप छोड़ देते है या नए तरीके से हल करने की काबिलियत सीख लेते है।

क्या ऐसा इवोलुशन,विकाश के क्रम में भी हुआ होगा ?कुछ स्टेप या प्रोसेस को छोड़ कर,आगे के स्टेप पे चले गए हो ?

या होना कुछ और था,हो कुछ और गया,वो स्टेप कौन से है ?मानव अगर मानव न होता तो क्या होता ? ये कहना बहुत ही मुश्किल या फिर एक नई परिकल्पना मात्र होगी ।

इन सवालों के जबाब अपने अस्तित्व,परमाणु से भी अति परमाणु एनर्जी लेवल पे जान लेने पर ही मिल सकता है या ईश्वरीय धारणा वाले है तो ये मान ले हमारा ऑब्जर्वर हमें बताये ?

৩৩

"आस्था अनास्था"

आस्था के बीज बोये और फसल अच्छी हुई।क्या संसार में निराशा ही निराशा हाथ लगती है ? क्या संसार से आशा रखना व्यर्थ है ? स्वयं का स्वयं में बोध होने पर अस्तित्व से जुड़ जाने पर ये सवाल मन को झकझोड़ते है।

स्वयं के होने का औचित्या बोध,दुष्कर पथ पे चेतना के माध्यम से यात्रा करता है। धारणा आस्था के बड़े बड़े महल खड़े करता है।

स्वयं को स्वामी भाव में प्राप्त करने की यथेष्ट यत्न-प्रयत्न-अनुष्ठान करता है। जीवन का अर्थ ही आस्था है न रखोगे तो जीवन में व्यर्थता मालूम पड़ेगी।

आस्थावादी होने का अर्थ यह नहीं,जीवन में पूरी तरह रम जाना,सांसारिक वस्तु प्राप्त करने के पीछे दौड़ लगाना,छुद्र वासनाओ के अनुकूल जीवन को ढालना और कहे;यही जीवन है इसी में मज़ा है।

इसी में मज़ा है तो ये टिकता क्यों नहीं ? इन्द्रियाँ बेलगाम घोड़े की तरह भागती क्यों है ? इस का अर्थ यही की जीवन को जान न पाए।

जीवन में निस्सरता-व्यर्थतता है,ऐसा नहीं तो सार्थकता की ओर क्यों जाये ? ये करे ,वो करे फिर ऐसा करले तो और अच्छा होजायेग। मन की छुद्रता,वासना बस प्राप्ति का सडयंत्र है। जीवन भर इसी उहा -पोह में लगे रहते है ।

जीवन की सार्थकता कुछ शेष रह ही जाती है।

सागर की छोटी सी बून्द चाहे कि सागर मेरे अनुकूल चले यह कैसे होगा ? और यही आप चाह रहे, सागर के साथ लहर चल सकी तो ही किनारे तक पहुंचेगी ।

सर्त है सागर के साथ जब लहर चले तो पहले तो आशा छोड़ चले।सागर की समग्रता में अपनी अल्पता को विलीन कर दे ।

सृष्टि संवाहक विराट निस्सारता में आशा के बीज बोता है पालता है पोसता है पक जाने पर फसल काट लेता है।

एक बीज के अस्तित्व से कई अस्तित्व की सम्भावनाओ को तराशता है। बीज समग्रता से यदि फला फुला हो वह फिर किसी और रूप में उपयोगी है।

फसल काट ली गई यह महत्वपूर्ण नहीं है न भी कटे तो खेत में एक ही अवस्था में पड़े -पड़े क्या करेगी जीवन के भार से गिर जाएगी ।सफलता की आकांक्षा असफलता की खाई खड्ड में गिराने वाली है ।

जीतोगे तो कोई हारेगा,हारोगे कोई और जीतेगा यह प्रकृति का नियम है।

जीत को जिस प्ररूप में आँकोगे किसी अन्य प्रारूप में हार केरूप सामने है । मुमकिन है कुछ और प्राप्त करने केलिए बने हो ? मालूम भी न चला और वो अवसर हाँथ से चला गया।

जीतना ही है तो जीत हार की बात ही छोड़ दो जो सामने है उससे पूर्ण निष्ठा से करते जाओ। हार भी गए तो यह प्रकृति है जिसके द्वारा संचालित हो,प्राप्त अप्राप्त का कुछ दोष नहीं होगा सर पर।

वह विराट बिलकुल तक तटस्थ है।जगत की अंतरतम व्यवस्था के साथ चल सके तो जीत ही जीत। यह अहंकार की अभिलाषा है जीत ही जीत मिले अगर चाहोगे अहंकार जीते। तो बुरे पिटोगे। जितना बड़ा अहंकार होगा उतनी ज्यादा पिटाई होगी। अहंकार के अनुपात में ही पिटाई होगी।

वृछ से अलग कोई पत्ता अपनी निज आकांछा रखे और वृछ से टूट कर अलग होजाये अपना अस्तित्व ही खो देगा सूख कर मुरझा जाएगा।यह विराट वृछ है तो तुम उस वृछ के पत्ते,इसी में अपना अस्तित्व देखो,स्वयं को समग्रता में पाओ।

अगोचर–गोचर,जहाँ तक बुद्धि की समझ, दृष्टि की परख पहुंचे स्वयं को जानो,परखो कोई मृत्यु सैया पर लेटा है,जानो वह तुम ही हो।कोई दुःख में है जानो वह दुःख तुम ही हो।

कोई सुःख में है तो जानो वह सुःख तुम ही हो ।हर क्रिया-कलाप में स्वयं को जानो जो बात हमारे संज्ञान में आई वह हमारे लिए है।

जितनी बार भी जब तब विराट से सवाल करोगे जबाब तुम्हरे भीतर से ही आएगा। कर्मो के अनुरूप धारणा पुकारी जाएगी। यदि धारणा अहंकार से उठेगी तो आप ही आप सत्रु बन जाओगे, करुणा ,प्रेम ,दया से उठेगी तो स्वयं को साछी भाव में मित्र पाओगे कोई हमारा सत्रु नहीं सिवाय हमारे और कोई हमारा मित्र नहीं सिवाय हमारे।

"मानवvsकंप्यूटर"

समय के साथ मानव तकनीकि के उन्नत संस्कण की ओर बढ़ता जा रहा है लेकिन क्या कभी मानव में तकनीकि संरचना या तकनीकि संरचना में मानव सवेदना का अस्तित्व संभव हो पायेगा ?भविष्य में ऐसा संभव हो भी सकता है या नहीं भी होसकता है ऐसा होने केलिए आवश्यक शर्त है प्रकृति पर जीवन का नियंत्रण। सबकी अपनी अपनी खूबी है और कमियाँ भी है,मनुष्य,कंप्यूटर की तरह सटीक तीव्र गति से डाटा,स्टोरेज,प्रोसेसिंग नहीं कर सकता,एक समय में मल्टी टास्किंग नहीं कर सकता ।जैसी बहुत सी चीजे है।

वही कंप्यूटर अल्गोरिदम कंडीशन पर आधारित if ,but ,then ,that ,ऐसा होगा तो ऐसा होगा,ऐसा नहीं होगा तो ऐसा होगा ।इनपुट के आधार पर चीजों का विश्लेषण करेगा। उपलब्ध संसाधनों में ही उपयुक्त चुनाव द्वारा परिणाम देगा।

कहने का मतलब उसके पास जो है,वो वही देगा लेकिन आप के दिमाग में जो नहीं है,आप वो भी दे सकते है क्योकि आप सोच सकते हर समय आपके दिमाग में कुछ चलता ही रहता है जो खास तरह की संरचना द्वारा निर्धारित है।

ऐसा भी हो सकता है आप का दिमाग भी एक तरह का कंप्यूटर ही हो ?जितने भी जीव है किसी विशाल,मेन फ्रेम कंप्यूटर से जुड़े हो ? वो आपको इनपुट देता हो,आप जो करते है ये उसी का आउटपुट हो?

एक कंप्यूटर को तो नहीं पता दूसरा कंप्यूटर क्या कर रहा है लेकिन मनुष्य ने कंप्यूटर बनाया,जिससे उसे अच्छे से पता है कंप्यूटर क्या कर सकता है ?वही यदि आप स्वयं को कंप्यूटर मानले तो आपको ईजाद करने वाले को सारी सम्भावनाओ के बारे में अच्छे से पता है आप की पहुँच क्या है।

निष्कर्ष: :-

ओरिजनल का कही कोई विकल्प नहीं है ,फिलहाल जब तक टेक्नोलॉजी ह्यूमन प्रोड्यूस न करने लगे ?

❦

"बुद्ध -सत्रु"

बुद्ध से सम्बंधित एक प्रसंग,लोक श्रुति है : सिद्दार्थ से बुद्ध,बोधि आत्म ज्ञान प्राप्त करने के उपरांत जगह-जगह देशाटन करते सभाएँ करते,लोगो को छुआ-छूत,कुरीति,अंध विश्वास से ऊपर उठकर,अंधकार से प्रकाश की ओर सास्वत भाव से जीने केलिए प्रेरित करते। वही समाज में कुरीतियों के पछधर,आडम्बरियों को उनका प्रवचन रास नहीं आता।

छल-छद्म प्रपंच द्वारा उन्हें समझाने की चेष्टा करते। एक दिन बुद्ध सभा कर रहे थे,तभी एक आडम्बरी बीच सभा में आकर,उन्हें खूब भला बुरा कहता है। बुद्ध ने कोई प्रतिक्रिया नहीं दी।

तब उसे और क्रोध आजाता है,अपना आपा खो देता है,बुद्ध को एक थप्पड़ मारता है फिर भी बुद्ध ने कोई प्रतिक्रिया नहीं दी। उसने सोचा अब तो ये क्रोध करेंगे,कोई प्रतिक्रिया देंगे, मुझे भी भला बुरा कहेंगे या मार-पीट करेंगे,जिससे लोग यह समझेंगे की यह भी ढोंग और दिखावा करने वाला है किन्तु इसके उलट परिणाम देखने को मिले। बुद्ध ने मौन साध लिया,बड़े ही संत भाव से गंभीरता पूर्वक उसकी तरफ देखने लगे।

ये देख उस बहुरूपिये का गुस्सा जाता रहा ,उसकी क्रोधाग्नि की ज्वाला ठंडी पड़ गई उसका स्वाभाव भी बुद्ध की तरह सांत और निर्मल होगया। बुद्ध अपना मौन तोड़ते हुए उससे कहा "और कुछ या बस इतना ही ?" उस बहुरूपिये पाखंडी ने कोई जबाब नहीं दिया,चुप-चाप वहाँ से चला गया।

सभा समापन पश्चात बुद्ध के प्रिय शिष्य आनंद ने उनसे इसका कारण पूंछा " आप ने उसे कुछ कहाँ क्यों नहीं,ये कृत्य तो भीरुता,कायरता का परिचायक है? "बुद्ध ने बड़े ही सहज भाव से कहाँ " उसका कुछ पूर्व जन्म का हिसाब रहा होगा,जिसे वह इस जन्म में पूरा करने आया था,इस जन्म में मैंने उससे कुछ हिसाब -किताब बकाया ही नहीं रखा।

भावार्थ:

हमारे जीवन में अच्छा या बुरा हमारे कर्मो का परिणामी है यदि हमारा कोई सत्रु है, बुरा चाहने वाला है,उलझने की बजाय,उससे किसी भी प्रकार का सम्बन्ध न रखे,उसे कुछ कहेंगे वो हमें कुछ कहेगा। हम उसका बुरा चाहेंगे,वो हमारा बुरा चाहेगा। हम उसके लिए रस्ते में रोड़ा डालेंगे ? हो सकता है उसके मन में प्रबल शत्रुता का भाव हो,हमारे रस्ते पे ईंट,पत्थर रोड़ा,बजरी भी ड़ाल दे, नाना प्रकार के विघ्न उत्पन्न करे।

अच्छा है हम ही अपने आप को उसके सामने छोटा समझते हुए,अपने रस्ते अलग कर ले। इसमें कोई ग्लानि हीनता नहीं है यह तो कर्मो से आती है अपने कर्मो से ही व्यक्ति पहचाना जाता है।

एक समय आएगा जब उस व्यक्ति को स्वयं ही अपने छोटेपन का अहसास होगा। न भी हो संसार जीवो से भरी पड़ी है,जिन्हे हम जानते भी नहीं है। उनका हमारे जीवन पर कोई प्रभाव नहीं पड़ता। समय गुजरने के साथ हमें इस बात का भान भी नहीं रहता जैसे आसमान में घनघोर घटा छाई भार स्वरुप गरज-बरष के हमारे जीवन में खूब उत्पात मचाया अंततःभार हीनता से वाष्पीकृत होकर सूख गया।

☙

"संस्कार-संस्कृति"

संस्कार और संस्कृति दो अलग विषय है; संस्कार आपका पहनावा है जो अस्थाई है संस्कृति आपके दिल में है जो स्थाई है। आज आपने कुछ पहना कल कुछ और पहनेगे किन्तु जो आपके दिल में है कल भी वही था,आज भी वही है,आगे भी वही रहेगा। आपके व्यवहार में कोई परिवर्तन नहीं आने वाला है।

यदि आपने संस्कार और संस्कृति में विवेध नहीं किया अपने संस्कार को ही सब कुछ मान लिया जो अस्थाई को ही स्थाई मान कर जीवन जी रहे है वो छद्ममवेशी है। तात्पर्य दृष्ट भाव में व्यक्ति महत्वपूर्ण नहीं है व्यवस्था ही सर्वोपरि स्थाईत्व नियामक और संस्कृति भी है।

जो आपको आपके मूल से जोड़ कर रखने वाला है वर्षो से आपके जीवन पद्धति का हिस्सा है आपके सुसंस्कृत सभ्यता का परिचायक है वही आपका राष्ट्र बोध गौरव है। संवाहक के रूप में आप की जिम्मेदारी है की उस परम्परा का अविवर्धन करे। समय के साथ उसे और विशिष्ट बनाये।

৩

"व्यावहारिक विज्ञान "

हर पदार्थ की अपनी प्रॉपर्टी अपना मूल गुण धर्म होता है किसी कारक की उपस्थिति में मिलान मिक्स करने पर मूल गुण-धर्म प्रॉपर्टी में बदलाव होने लगता है। तरबूजा तरबूजे को देख कर रंग बदलता है मिश्रित कुछ चमकीला रंग होजाता है।

यदि ऐसा नहीं होता एक दूसरे को प्रतिकर्षित करते है इसका अर्थ मौजूदा पदार्थ के गुण धर्म में कोई समानता नहीं है।

उसी प्रकार मनुष्य के व्यवहार में भी यही बात लागु होती है स्वतंत्र अवस्था में वह अपने अनुसार कर्म–साध्य व्यवहार करता है। परिस्थिति को कारण भूत मानते हुए किसी और मनुष्य के संपर्क में आने पर व्यवहार में परिवर्तन स्वाभाविक परिक्रिया हो सकता है।

ऐसा न होने पर इसका अर्थ व्यवहार एक दूसरे के अनुकूल नहीं है विरोध वाद-विवाद कारण स्वरूप परिलछित होता है ।संछेप में यदि समझे मनुष्य को अपनी प्रकृति के अनुसार ही व्यक्ति का चुनाव करना चाहिए जो छिपे हुए गुणों में उभार लाये जीवन को बेहतर तथा सार्थक बनाये।

෬ඁ

"सामाजिक बंधन"

आदर्श समाज की नींव संस्कार प्रधान होनी चाहिए न की जाति-धर्म आधारित व्यवस्था पर जैसा की चला आरहा है।सामाजिक संरचना एक तरह से विषाक्त कड़वाहट से भरी है मनुष्य में अनुवंशकी,सामाजिक व्यवस्था आधारित जाति-धर्म का उसके जीवन-पद्धति,सोच-विचार,कर्म आदि पर सीधा प्रभाव पड़ना स्वाभाविक है।

मानव सभ्यता के शुरुआती चरण से जाति,धर्म प्रधान समाज का होना इसके प्रति उत्तरदाई है। बुद्ध,महावीर,गुरु नानक आदि कई चैतन्य विभूतियों ने सामाजिक व्यवस्था को बदलने का प्रयास किया किन्तु कालांतर वह एक नई व्यवस्था के रूप में सामने आई,स्थिति ज्यों की त्यों बनी रही,मनुष्यता सम्पूर्णता के भाव से अछूती ही रह गई।

सुधार केलिए नई व्यवस्था अपनाने से बेहतर है की जो व्यवस्थाएं परिचलन में है उन्ही का मानवीकरण कर सामाजिक समरसता का भाव लाया जाए।

෬ඁ

"संप्रभुता"

संप्रभुता संविधान का एक महत्वपूर्ण शब्द है या यूँ कहे संविधान की मूल भूत अवधारणा इसी के इर्द गिर्द घूमती है।

भूभाग।लोग।संचालन।ये तीन तत्व है।इसमे मुख्य रुप से दो अवधारणा प्रचलित है।पहला एकात्मवाद।दूसरा,बहुलतावाद।

अब इसको साधरण अर्थ मे समझने की कोशिश करते है;किसी सीमा से बधा हुआ छेत्र विशेष राज्य या देश,उसके भीतर रहने वाले लोग और उनके संचालन कर्ता से सम्बद्धता।
जो किसी भी प्रकार से अपने अन्दरुनी मामले मे चाहे वो छेत्र की सीमा हो या लोगो से जुड़े हो ,बाहरी हस्तक्षेप को नकारता है।
जो भी नीति, योजना, कूटनीति, विदेशी निति,नियम,कायदे,कानून,मौलिकता से जुड़ी चीजे बनाई जाती है संप्रभुता को ध्यान रख कर ही बनाई जाती है।

इसका जो सबसे महत्वपूर्ण पछ है "संचालन" जिस पर व्यवस्था की जिम्मेदारी होती है ।उस विषय मे एकात्मवाद के अनुसार जो भी नियम कायदे कानून बनाये जाते है, वो संचालन कर्ता पर लागू नही होते सिर्फ उससे संबंधित जन पर ही लागू होते है।
संचालन कर्ता स्वयंभू होता है।एक ही व्यक्ति के हाँथ मे सारी सक्ति होती है।

एक तरह से राजसाही साशन व्यवस्था ।चाइना,रसिया,उत्तर कोरिया,कांगो जैसे कई देशो मे ऐसी ही व्यावस्था का प्रचलन है।
वही दुनिया के ज्यदातर देशो मे उदारवादी लोकतांत्रिक व्यावस्था है,वो बहुलतावादी अवधारणा की अनुसंशा करते है।

जो यह मानता है; शासन व्यावस्था किसी एक व्यक्ति के हाँथ मे ना होकर बँटी हुई होनी चाहिए।शासन व्यावस्था सामुहिकता से काम करे जो निर्धारित नियम कानून के दायरे मे हो।जिस कारण लोकतात्रिक देशो मे उनके संविधान को ही सर्वोपरि संप्रभु माना जाता है ।

उसके उपर कोई भी व्यक्ति और संस्था नही होती है।सारी व्यावस्थाये उसी के द्वारा संचालित होती है।इसीलिए भारत मे संविधान को भारत की आत्मा की संज्ञा दीजाती है ।

भारत दुनिया का सबसे बड़ा लोकतान्त्रिक देश है जो लिखित संविधान पर काम करता है,जन जन की आस्था का प्रतिक रूप है जो हर जाति वर्ग समुदाय के अधिकारों की बात करता है।

जिसके संचालन की जिम्मेदारी सरकार और सरकारी संस्था की सुपुर्तगी में है। यह आवश्यक नहीं की जो दल या संस्था संचालन कर रही है वे सब नैतिकता के मानक पर खरे हो।

उस परिस्थिति में संविधान अपने ही आप में निर्मूल किंकर्तव्यविमूढ़ साबित हो जाता है।

ऐसी परिस्थिति में आवश्यक होता है की संवैधानिक शक्तियां केंद्रीयभूत स्वैच्छिक सत्ता धारी सरकार से इतर राजनीती से प्रेरित न होकर सामाजिकता के दायरे में हो जो जनतंत्र की बेहतरी और सुधर केलिए सामाजिक आर्थिक पछ की स्पष्ट विवेचना करे,उस दिशा में बाध्यकारी सरकारी निर्देशन का काम करे।

౬౨

"परिवर्तन की स्वीकार्यता"

बदलाव होता है,अच्छा हो या बुरा,होता रहा ,होता रहेगा,नैसर्गिक स्वाभाविक है,यही प्रकृति है।इसके लिए परिस्थि और कारण जिम्मेदार होते है जो सार्वभौमिकता से स्वीकार होता है हम उसे मान लेते है जो सामाजिक परम्परा,विचार धारा,अवधारणा मे परिवर्तित हो जाती है।

किन्तु समय के साथ परिस्थियाँ बदलने पर उसकी प्रासंगिकता कम होने लगती है परिवर्तन के कारण रूप में सामने आती है।परिस्थि और कारण के प्रति जो सचेत और सजग होते है वे उसे स्वीकार करते है किन्तु सब के लिए सहज नहीं होता ऐसी अवस्था में यह अवश्यक होजाता है परिवर्तन की स्वीकार्यता मूल भूत संवैधानिक कर्तव्य होना चाहिए।

जो स्वयं के साथ दूसरो केलिए भी मान्य हो सब में समान भाव से सामूहिकता सामाजिक तथा राष्ट्रीयता का भाव प्रकट करे,
इसके पीछे जो मूल कारण है परिवर्तन की स्वीकार्यता जितनी प्रबल होगी,विकाश की सम्भावना उतनी ही बलवती होगी।

हमें नहीं मालूम आने वाला समय कैसा होगा किन्तु इसके प्रति हमें सचेत होना चाहिए। हम सब में ये भाव होना चाहिए,देश और समाज केलिए जो हितकर हो ऐसा कुछ होगा हम उसे स्वीकार करेंगे,इसके प्रति हमें पहले से ही सचेत और सजग होना चाहिए।
दृष्टि कोण स्थिर भाव से परिवर्तन के प्रति टिकाये रखना चाहिए जो हमारी समझ को नया आयाम विस्तारित रूप देता है।

॰∽

"जनहित सर्व सुखाय"

जो लोग राजनीति के पार उतर जाने की बात करते है यह खाली मन का चढाव उतार खुद को तसल्ली देना आत्ममुग्ध होना है।
लोक तंत्र राजनीति से चलता है तो परिवर्तन राजनीति से ही सम्भव होगा।
जन अवधारणा से ही सत्ता की कुर्शी है।नेता भी जन से ही है,वे भी सत्य से हो,मर्यादा से हो,स्वाहितकामी से जनहित कामी हो।

कर्म से ही अर्थ,अर्थ से मोछ है।लडाई इसी बात कि है,जन जन आकांछा अपेछा से भरा है,सब को काम चाहिये।

मुह मे राम बगल मे छुरी, राम की बात करते तो है किंतु राम के आदर्शो पे चलते नही।

राम,रहिम उनके लिये ऐसे ब्रह्मास्त्र है जिससे जनता अचेत हो जाती है फिर वे जो चाहे वो करवाये,दंगा कर वाये,नारे लग वाये,नफरत फैलाये,अंधी बहरी भीड़ से जो चाहे वो करवा ले।

बैठ कर ताकत की नुमाइंदगी करने वालो का भाव है वे जो करे वही सही है।ऐसे लोग समय के साथ स्वयं में कभी बदलाव नहीं लाते।पाप कर्मो की पुनरावृत्ति,दुर्गुणों की आवृति में ही लगे रहते है।

यह सब तामसिक वृत्ति अहंकार के वसीभूत होने के कारण करते है। जो सत्य से है उन्हे प्रताड़ित कर उनके कष्ट मे स्वयं केलिए सुख प्राप्ति की कामना करनेवालेहै।

෧

"संघर्ष पथ"

संघर्ष यदि धर्म के मध्य परस्पर है तो अपने धर्म के साथ खड़े हो,यदि जाति के मध्य है तो अपनी जाति के साथ खड़े हो,देशो के मध्य है तो अपने देश के साथ,राज्जो के मध्य है तो अपने राज्ज के साथ खड़े हो,छेत्र के मध्य है तो अपने छेत्र के साथ खड़े हो,परिवारों के मध्य है तो अपने परिवार के साथ खड़े हो,यदि परिवार के मध्य है तो अपने मातृ पछ के साथ खड़े हो।

जीवन में सांसारिक संघर्ष की भावना होना किसी न किसी रूप में वांछनीय है किन्तु यदि समस्त संघर्षो से बचना चाहते हो अपने

मूलाधार में स्थिर हो जाओ,जहाँ कोई भेद नहीं है ,कोई अंतर -कलह नहीं है,अपितु स्वयं का ही जीवन दर्शन है।

सत्रु आघात पे आघात करे,सहन करना भी भीरुता और कायरता है किन्तु मन में प्रतिशोध के भाव से प्रेरित न हो क्योकि प्रतिशोध की दाह स्वयं को जलाती है।उस दाह की तृष्णा में समस्त तामसिक वृतियाँ जागृत हो उठती है जो व्यक्ति को कमजोर और निर्बल बनाती है।

यदि सत्य पथ पर चलने वाले हो धर्मानुकूल सदाचार की पालना करते हो,उचित है की स्थिर बुद्धि द्वारा तटस्थ होकर सामना करो,ऐसा करने से अपने सत्रु के प्रति भी घृणा,तिरस्कार,निरादर का भाव नहीं होगा।

तदुपरांत सर्वथा विकार रहित होकर सत्रु से लड़ने के वजाय उसके विकारो को सत्रु मान कर लड़ो,सत्रु कितना ही प्रभावशाली,समर्थवान क्यों न हो उस पर विजय प्राप्ति की सम्भावना अति प्रबल होजाती है।

৩৩

"कामना संसार"

इस संसार में सहस्त्र धर्म,धार्मिक मांन्यताये मत संप्रदाय है। उन्हें मानने वाले मतानुयाई है जो कर्मकांड पूजा पद्धति से जुड़े हुए है। सायद ही ऐसा कोई हो जो इससे अछूता हो,पैदा हुआ हो और नास्तिक बनगया हो। उसे पता भी नहीं चलता,उसे बोध भी नही होता,वह भी जन्म के आधार पर उस पथ का अनुयाई होजाता है।

कुलमिलाकर संसार का हर मनुष्य कही न कही से धर्म से जुड़ा हुआ है।यदि मनुष्य समस्त कर्म कांड,विधिवत पलना करता है किन्तु आचरण में नहीं लाता है तो क्या वह धार्मिक है ? नहीं। यदि मनुष्य सदाचारी है किन्तु कर्मकांड नहीं करता तो क्या वह धार्मिक है? नहीं।

सदाचारी होना मनुष्य का स्वभाव नैतिकता है।वही धर्म अवधारणा है धर्मावलम्बी होने केलिए मनुष्य को धर्म की अवधारणा को स्वीकारना होगा। धार्मिक कर्म कांड और सदाचार एक दूसरे के पूरक है। एक के बिना दूसरे का होना संभव नहीं है। बिना कर्म कांड के सदाचार का बोध नहीं होता,बिना सदाचार के कर्मकांड औचित्यहीन है।

सामान्यतः यदि धर्म को कम शब्दो में परिभाषित करे "धर्म कर्म कांड तथा सदाचार द्वारा सफल जीवन की कामना है।"

कर्मकांड,सदाचार,जीवनरूपी गाड़ी के दो पहिये है जीवन में दोनों का होना नितांत आवश्यकहै।

वही एक पछ यह भी है जो धार्मिक मान्यतायों को कल्पना मात्रा कह कर नकारता है।परिवर्तन के नियम पर आधारित है,परिवर्तन विकाशवाद भौतिकता की अवधारणा को बल देता है जो यथार्थ सतह पर है वही सत्य है किन्तु यथार्थ की सीमा है,दायरे से बंधा हुआ है।

हर सवाल का जबाब उसके पास नहीं है। कल्पना की कोई सीमा नहीं है।मन मे उठने वाले हर सवाल को ईश्वरीय अवधारणा से जोड़ कर मन को शांत कर लेते है।संसार में अगोचर-गोचर चेष्टा अवधारणा स्वरुप रूपांतरण द्वारा ही प्राप्त है।

अपरिचित द्वारा ही स्वयं का परिचय प्राप्त है,कामनाओ ने वासनाओ ने ऐसा कहाँ,ऐसा करो तो ऐसा होगा,जीवन सुखमय होगा,लाभ होगा,जीवन में वृद्धि होगी किन्तु ऐसा होने पर भी कामनाये बढ़ती जाती है जिसकी कोई सीमा नहीं अंतहीन है।

जीवन भर ऐसा चलता रहता है,अपरिचित के इसारो पे नाचते रहते है।अपरिचित अपना काम करता रहता है,सांसारिक जाल बुनता रहता है,मनुष्य फ़सता जाता है। इसी प्रकार मनुष्य जीवन निरंतर निरुपाय ही रह जाता है।फिर जीवन का क्या होता है ? हटाने वाला कचरा समझ कर हटा देता है जैसे सबकुछ व्यर्थ ही गया हो। इसमें हटाने वाले का क्या दोष ? क्या उसकी अनुपस्थिति में सब किया गया?क्या उसकी नज़र में

मनुष्य की कामनाओ,वासनाओ के लिए कोई स्थान नहीं है ?इन्ही सब कारणों से तो संसार की सांसारिकता में अभिवृद्धि है।

यदि जीवन उचित है तो कामनाओ,वासनाओ के अनुचित होने का कोई कारण नहीं है।

वह हमसे संतुलन ही तो मांगता है।

जीवन का उपभोग करने से पहले मूल्य चाहता है। कामनाये,वासनाये है की हठ पूर्वक जीवन पर अधिकार जमाना चाहती है।

❦

"त्रिगुणातीत प्रकृति"

अष्टावक्र के अष्टांग गीता के अनुसार व्यक्ति तीन वृत्ति वाला होता है:

"दृश्य...दर्शक...दृष्टा"दृश्य में वो लोग आते है जो दिखावे पे आस्था रखते है स्वयं का तथा अपने गुणों का प्रदर्शन करते है जैसे नेता,अभिनेता...कलाकार इत्यादि।दूसरा"दर्शक "ये वो लोग होते है जिन पर किसी प्रकार का कोई प्रभाव नहीं पड़ता साधारणतःये ऐसे लोगो की प्रकृति"है...होगा,होता रहेगा,कौन सी जल्दी है बाद में करलेंगे कुलमिलाकर टालने की प्रवृति वाले लोग।

किसी भी प्रकार की घटना का इनपर कोई प्रभाव नहीं पड़ता,मूक दर्शक की भांति देखते सुनते रहते है अपना कार्य आज से कल, कल से परसो दूसरो पर टालते रहते है।

तीसरे पर आते है "दृष्टा"ऐसे लोग वो होते है जिन्हे स्वयं में शरीर से परे स्वयं के होने का बोध होजाता है।सब कुछ देख रहे,सुन रहे,कर रहे,बावजूद किसी भी क्रिया में स्वयं निर्लिप्त नहीं होते है।

भगवत गीता के अनुसार समस्त कामना रुपी संसार को त्रिगुणातीत कहा गया है "सत्व...रज...तम"कर्म फल के आधार पर इन गुणों वाले व्यक्ति की विवेचना करते है।
तामसिक वृत्ति वाला,कर्म के प्रति आसक्त होता है स्वयं को कारण,करता जान कर कर्म के फल को भोगना चाहता है।
सामन्य अर्थ में कहे...जिंदगी मज़े केलिए है ,सांसारिक सुख भोगने केलिए।

दूसरा'रज"ऐसे वृत्ति के लोग कंजूस ,असुरच्छित मानसिकता वाले निहायत ही धूर्त हर चीज में सिर्फ अपना ही फायदा अपने परिवार के प्रति आसक्त ज्यादा से ज्यादा धन संग्रह,अपनी आगे आने वाली संतति को लाभ पहुँचाने वाले होते है।

तीसरे   पर   आते   है"सत्व"इस   वृत्ति   वाले,त्याग ,दया,छमा,करुणा,संवेदनशील,सहिष्णु,प्रेमातुर   ,परोपकारी   होते है।विज्ञान के अनुसार संसार की सबसे छोटी इकाई परमाणु है जो 3 पदार्थ से मिलकर बनी है"इलेक्ट्रान...प्रोटोन...न्यूट्रॉन"
इलेक्ट्रान एक सकारात्मक ऊर्जा है जो सतत प्रवाह से बहती है न्यूट्रॉन एक नकारात्मक ऊर्जा है जो अवरोध पैदा करती है
प्रोटोन केंद्र में स्थिरता प्रदान करती है।
मनुष्य का सरीर भी असंख्य परमाणु से मिलकर बना है जो ऊर्जा की सामूहिक सक्ति द्वारा बंधा हुआ मनुष्य की समस्त क्रिया कलापो केप्रति जिम्मेदार है।

"आवश्यकता vs प्रतिस्पर्धा"

देश का विकाश आवश्यकता अनुरूप होना चाहिए या प्रतिस्पर्धा अनुरूप मनोवैज्ञानिक रूप से समझते है:जीवन के विकाश क्रम में जिस प्रकार निरंतरता है उसी प्रकार जीवन की आवश्यकता के क्रम में निरंतरता होती है। मनुष्य पहले अपने जीवन की मूलभूत आवश्यकताओ की पूर्ति करना चाहता है।

फिर उसके बाद सामाजिक,आर्थिक सुरछा,भय ,चिंता मुक्त जीवन जीना चाहता है।तदुपरांत वह आर्थिक,सामाजिक प्रगति,भौतिक सुख सुविधा का आनंद लेना चाहता है।
ये सब प्राप्त कर लेने पर वह स्वयं के बोध से भर जाता है जहाँ उसे कुछ और प्राप्त करने की जिजीविषा शेष नहीं रह जाती है।

किन्तु दुर्भाग्यवस आजादी के सात दसक गुजर जाने पर भी भारत जैसा विशाल जनसँख्या वाला देश,अपने नागरिको की मूलभूत आवश्यकता पूर्ति करने पर अछम रहा है। आज भी दो तिहाई जनसँख्या अपनी मूलभूत आवश्यकता से वांछित है या संघर्ष कर रही है। जिसका परिणाम ये देखने को मिला एक बहुत बड़ी आबादी देश में भार स्वरुपहै। स्वयं तथा देश के विकाश में सक्रिय भागीदारी का निर्वहन नहीं कर पारही है। एक तरफ जहाँ कुछ प्रतिसत लोगो के पास अत्यधिक साधन संसाधन है,वो उनमे और अधिक तीव्रता से वृदि्ध करते जा रहे है।

पैसा पैसे को कमा रहा है,पूंजीवाद जो बाहरी रूप से सामाजिक सम्पन्नता के मुखौटे की तरह है।लेकिन अंदर से व्यवस्था पूरी तरह से चरमराई हुई है। इसके लिए जनसँख्या वृदि्ध भी एक महत्वपूर्ण कारक

तो है ही साथ ही संसाधनों का अत्यधिक दोहन भी उत्तरदाई है।रोजगार उद्द्योग धंधे कुछ सहरो महानगरों तक ही सिमटते जा रहे है।

गांवो तथा छोटे सहरो से कुशल कार्मिक लोग काम-धंधे के लिए महानगरों बड़े सहरो की ओर पलायन कर जाते है।

फलस्वरूप ग्रामीण और सहरीय छेत्र में विकाश की उत्तरजीविता अवरुद्ध होजाती है। एक तरह से देश मांग और पूर्ति का संकुचित केंद्र बनता जा रहा है।

जिस कारण बदलाव के क्रम में कुछ खास नवीनता देखने को नहीं मिलती है। मांग सर्वव्यापी होने पर पूर्ति की उपलब्धता के लिए नए तरीके का इजाद होना आवश्यक है।हर छेत्र के विकाश को एक पैमाने पर नहीं आंका जा सकता है।

सहर का विकास महानगरों की तर्ज पर होना आवश्यकता नहीं अपितु हर छेत्र में जीवन के सुचारु सञ्चालन केलिए जीवन का व्यवस्थित क्रम में होना आवश्यकता है। मूलभूत आवश्यकता हर जगह समान भाव में ही होती है उपलब्धता सुनिश्चित होने पर स्वतः ही लोग विकास की आवश्यकता अपितु प्रगतिशील विचार धारा के रूप मे अपनाते है जो सकारात्मक प्रतिस्पर्धा के रूप में सामने आती है ।

❧

"राजनैतिक परिदृश्य"

प्रकृति संरचना के आधार पर समस्त सृष्टि को तीन गुणों में विभक्त किया गया ,राजसिक,तामसिक और सात्विक यदि इन गुणों के आधार पर सामाजिक परिपेच्छ से समझे।

जहाँ राजसिक,तामसिक और सात्विक गुणों से मिलकर बना है,जो संचालन करता के रूप में है।वही तामसिक गुण,अनीति नियमो का आचरण करने वाले,निम्न कोटि के आचरण करने वाले,बुरे कर्म करने वाले,छली,कपटी ,छद्मवेशी,बल पूर्वक सत्य का हनन करने वाले,अहंकारी,व्यसन,वासना में संलिप्त पैशाचिक वृत्ति वाले लोग है।

वही पर सात्विक,सामाजिक चेतना,नीति नियमो का पालन करने वाले,दुसरो के हित कामी,सामाजिक समरसता में आस्था रखने वाले सदाचारी जन है।

राजसिक गुण से युक्त होने पर सरकार जो शासन व्यवस्था के लिए उत्तरदाई है,सात्विक तथा तामसिक दोनों ही गुणो से सक्ति प्राप्त करती है,दोनों ही गुणों के मध्य सामंजस्य स्थापित करने हेतु अनैतिकता अधर्म अत्याचार,वृत्ति वालो को अप्रत्यछ संरछण देकर प्रत्यछ रूप से उनका भय दिखला कर तामसिक और सात्विक दोनों ही गुणों को अपने अधीन होने केलिए विवश करती है। चूँकि राजनीति दल आधारित व्यवस्था है जिसका सत्ता में होना मूल उद्देश्य होने पर तामसिक गुण प्रभावी रूप से कार्य करने लगता है।

शासन व्यवस्था तामसिक वृत्ति द्वारा संचालित होने पर अपने गुणों में उत्तरोत्तर वृद्धि करने लगता है,समान आचरण करने वालो के प्रति सहिष्णुता,मैत्री रखना पसंद करते है।सत्य सदाचारी,सत्य जनो से सदा परहेज करने वाले तथा आर्थिक सामाजिक वैमनष्यता को बढ़वा देने वाले होते है।

जहाँ पर सामूहिकता का सर्वथा आभाव व्यक्ति केंद्रित शासन व्यवस्था अनुशंसा अहंकार की पुष्टि राजनीति का पर्याय होने पर सरकार की विफलता का मूल कारण बनती है। फलस्वरूप तामसिक गुण का राजसिक तथा सात्विक गुण पर प्रभावी होने पर सामाजिक व्यवस्था पतन की ओर अग्रसर तथा शासन व्यवस्था पथ से भटक जाती है।

निष्कर्ष:-

राजनति को बल नैतिकता,सत्य,सदाचार से ही प्राप्त होता है। यदि राजनीति,सामजिक विघटनकारी सक्तियो से बल प्राप्त करने लगे तो सामाजिक विद्वेषण को जन्मती है।

ۉ

"लोकतंत्र बदलता स्वरुप"

"राजनैतिक दल और उनके प्रतिनिधि जनता की समस्याओ को तरजीह देने के वजाय दलगत प्रतिस्पर्धा पर बल देने लगे है।आत्म केंद्रीय भाव से पूंजी निर्माण में जुटे है।

पैसा पैसा को कमाने लगा है,योग्यता का दायरा सिमटने लगा है।अमीर,अमीर होते जारहे,गरीब गरीब होता जारहा ऐसी परिस्थिति में लोकतंत्र अपने आप में ही महत्वहीन हो जाता है।इसके पीछे जो मूल कारण अप्रत्यछ रूप से"पूंजीवाद" व्यवस्था का संचालन में आना है।

इस पूंजीवाद की अवधारणा में जहाँ मोरल इ्यूटी,नैतिकता का कोई स्थान नहीं रह जाता।

पूंजीवादी व्यवस्था कभी सामाजिक समानता नहीं ला सकती,यह हमने इतिहास के दरख्तों के हवाले से पढ़ा,जाना और समझा।

जिसके पास साधन की अधिकता है वह उसमे वृद्धि केलिए और अधिक अनैतिक होजाता है।

हम रोज ही अखबारों में पढ़ते है फला,व्यापारी कंपनी ने इतने हजार करोड़ का बैंक को चुना लगाया। अर्थसास्त्र में हम इसे NPA(Non performing assets) कहते है। वो धन डूब गया जो धन देश हित में लगना चाहिए,वो धन पूंजीवादी लोग,सडयंत्र पूर्वक सरकार को चपत

लगते है राजनैतिक सांठ गांठ द्वारा कुछ राजनैतिक व्यक्तियों को लाभ पहुँचाने के एवज में।

जहाँ एक तरफ पूंजीवादी व्यवस्था, बाजारीकरण द्वारा लाभ है तो नुकसान भी है,सरकार और सरकारी व्यवस्था यदि उसे ठीक ढंग से संचालित न करे तो कई तरह की अव्यवस्थाएं पनपने लगती है।

उत्पादों की बाजार में भरमार बढ़ने लगती है। जिनके पास अत्यधिक पैसे है वो कंपनी अतिसह प्रचार प्रसार,लोक लुभावन विज्ञापन द्वारा व्यय करते है जिसका असर अन्य उत्पाद और वस्तुओं पर भी देखने को मिलता है।ऐसी परिस्थिति में मोरल,नैतिक ड्यूटी को क़ानूनी जामा(Law Enforcement) की आवश्यकता होती है।पूंजी निर्माण आवश्यक है किन्तु व्यवहार और प्रकृति पर नियंत्रण भी उतना ही आवश्यक है।

सवाल अनगिनत है किन्तु जबाब कुछ भी नहीं तत्कालीन वर्तमान सरकार किसी के प्रति जबाबदेह नहीं है। सत्ता हनक से चलती है जो स्वयं में ही अनियंत्रित है वे देश की दशा कैसे सुधारेंगे कैसे नियंत्रित करेंगे! अंधेर नगरी चौपट राजा,टके सेर भाजी,टके सेर खाजा सरकार के रंग ढंग हाल तो ऐसे ही है।मुंगेरी लाल के हसीं सपने दिखा कर जनता के हाँथ तम्बूरा पकड़ा दिया।

चौतरफा गधो की चेप दिखाई सुनाई पड़रही है।एक पुरानी कहावत है "अग्र सोची सदा सुखी"पद पर रहते रहते ऐश तो है ही सत्ता का सुख मिल ही रहा है। कुर्शी से उतरने के बाद भी यही सानो सौकत होगी ? क्यों नहीं होगी,बाजार की रौनक से लेकर बैंक का दिवाला(Bank insolvency) भी इन्ही से है।

ये तेल भी निकालते है बैंक का दिवाला भी निकालते है।अरबो का लोन इनका माफ़ होता है। अरबो को ग्रांट सब्सिडी भी इन्ही को दीजाती है।सरकार मेहरबान तो गधा भी पहलवान।

सरकार की अवधारणा ही जनता की अवधारणा होनी चाहिए जो नहीं मानते ये सरकार उन्हें हरतरफ से निशाना बनाती है खिलाफ उठने वाली हर आवाज को दबाना चाहते है।

सुनने की सक्ति नहीं रखते यह एक तरह से संप्रभु होना निरंकुश होने की मानसिकता है।

विपरीत विचारधारा के लोग या विरोधी दल द्वारा जो मुद्दे उठाये जाते है उनका सरकार और मीडिया द्वारा मखौला उडाया जाता है मुँह चिढ़ाया जाता है। हर तरफ से घेरा जाता है ।

तुष्टिकरण की राजनीती झूठ और प्रपोगेंडा पर आधारित सरकारी काम काज का अतिसह महिमामंडन प्रचार प्रसार तंत्र का दुरूपयोग जनता को उन योजनाओ से लाभ होरहा है या नहीं सरकार को कोई सरोकार नहीं है।सरकार द्वारा सुरु किये गए हर कार्य में पिछली सरकार विरोधी दल को केंद्रीय भाव में रख कर मनोवैज्ञानिक रूप से जनता पर दबाब बनाया जाता है।

स्वयं को महान साबित करने केलिए पाखंड वाद के आसरे राष्ट्रवादी होने का ढोंग रचा कर विरोधियो को राष्ट्रद्रोही(fundamentalist) साबित करने केलिए खास तरह का Echo System तैयार किया जाता है।वो चाहे मीडिया हो या अन्य प्रचार-प्रसार माध्यम एक तरफ़ा हवा के रुख को मोड़ने केलिए ट्रेंड सेट करते है। यह वही बात हुई जिसके पास ज्यादा जन,धन और मन हो वही सही है।

लोकतंत्र तमाशा होगया है,राजनैतिक दल फैक्ट्री की तरह संचालित होते है।

नेताओ द्वारा दल बदल आम सी बात होगई है। जहाँ मिले ज्यादा माल मलाई वही चले जाते है,मालदार पार्टी कौन है ? कौन ऐसा करता है कहने की आवश्यकता नहीं है। वास्तविकता नैतिकता पर स्वार्थपरता ,विस्तारवाद कही ज्यादा हावी है।

राष्ट्रीय चरित्र के नेताओ का अकाल सा पड़ गया। अब विचारधारा की लड़ाई नहीं लड़ी जाती फायदे से फायदे की राजनीति की जाती है।वायदों की तो बात ही मत करे,कौन क्या वादे करके सत्ता पे काबिज हुआ।कथनी और करनी का कही से कही तक कोई मेल मिलाप नहीं है।आज राजनैतिक संवाद अपने निम्नंतर अस्तर पर है।

विकाश के मुद्दे पर सरकार वर्तमान की नाकामी को अतीत की स्याह कालिख से ढकना चाहती है।लेकिन समय परिवर्तनशील है,वर्तमान अतीत का गुलाम नहीं होसकता। दूसरो की कमियों से हम अपना दोष नहीं ढक सकते।

आलोचना,समालोचना का समुचित स्थान होना चाहिए उनकी बात सुनी जानी चाहिए।सरकार की नैतिक जिम्मेदारी है उस दिशा में काम भी करे यदि सरकार ऐसा नहीं करती है तो समाज में गलत सन्देश जाता है।

कई तरह से मोर्चा पर मतभेद जन समांन्य स्तर पर देखने सुनने को मिलते है। नकारात्मक प्रभाव से उसी दिशा में लोग काम करने लगे है। सामाजिक सद्भाव आपसी प्रेम भाई चारा जन सहयोग की भावना कम होती जारही है।

सरकार को पहले तो स्वयं नकारात्मकता से बाहर निकलना होगा,काम की सियासत करना होगा।

हलाकि ये देश मे महगाई,बेरोजगारी से भी असंभव जान पड़ता है।किसने क्या कहा क्यों कहा इससे ज्यादा महत्वपूर्ण किसने क्या और कितना किया। प्रचार प्रसार प्रपोगेंडा सरकार द्वारा उनकी पूरी टीम वाहिद इस छेत्र में अच्छा काम करती है।

असंख्य नकारात्मक कुशलता में एकमात्र सकारात्म कुशलता वाकशैली सुनने वाला सुनता ही रह जाए।आत्म मुग्ध होजाये।इससे क्या कुछ होता है ? होता तो 10 साल से सिर्फ बोल ही रहे है,बाते ही चल रही की विकाश आएगा।कितना परिवर्तन हुआ,सिवाय खबर बाजार के मनोरंजन के।

जिनका पेट भरा है महज कुछ प्रतिसत लोगो को और दल से सम्बंधित लोगो को ये मन की बाते उन्ही के तन को छूने वाली है।

भूंखी प्यासी जनता,रोज ही सुबह से साम तक अपना तथा अपने परिवार का पेट भरने केलिए जद्दोजहद करती है उन्हें कोई फर्क नहीं पड़ता।आजादी का अमृत महोत्सव मनाने वाले यह भी विचार करे जब

देश की जनता आजादी के शताब्दी वर्ष की ओरे जायेगी पीछे पलट कर देखेगी तो क्या विचार करेगी?

तब भी वही होगा जो अभी होता है,आरोप प्रत्यारोप मुमकिन है इससे भी अधिक खतरनाक अस्तर पर हो गाली गलौज लोकतंत्र की मर्यादा अनुकूल हो जाये।

जनता सवाल करे देश में जब महिमामंडन सरकार थी तब घरो में एयर कंडीशन क्यों नहीं लगवाया ? 100 साल बाद भी भारत के सहर न्यूयोर्क,लंदन जैसे क्यों नहीं हो पाए?

अच्छी उच्च सिक्षा के लिए बच्चे विदेश पढ़ने क्यों जाते है? अभी भी समाज में छुआछूत,गरीबी क्यों है ?

बेरोजगारी में इतनी बेतहासा वृद्धि क्यों है? विदेशी निवेश पर इतनी निर्भरता क्यों है? धर्म जाति पर आधारित राजनीती अभी भी क्यों है ? शब्द कम पड़ जाएंगे,मुद्दों की भरमार है।लेकिन सवालों के जबाब केलिए सरकार के जबाब असरकारी है।

हम आशावादी लोग है हमें बेहतरी केलिए हमेसा आशन्वित रहना चाहिए अहंकार और अंधकार पर सदा सत्य की विजय की कामना करनी चाहिये।

ॐ

"सम्भोग रहस्य"

"fall in love " प्रेम में पड़ जाना, गिर जाना जो गिर गया, उसने अपना अस्तित्व खोदिया, उसने अधीनता स्वीकार करली,वह अब स्वयं का मालिक नहीं रहा। स्त्री कहेगी मै उस पुरुष के बिना नहीं जी सकती,पुरुष

कहेगा मै उस स्त्री के बिना नहीं जी सकता। यह वैसे ही है जैसे भूख लगने पर भोजन मिल जाये,प्यास लगने पर पानी मिल जाये,थकान होने पर नींद आजाये।

ऐच्छिक वस्तु की उपलब्धता की कामना,तलब बढ़ती जाती है। प्रेम सुन्दर सात्विक शब्द जिसमे काम-वासना को ढक दिया।सीधा-सीधा कह दे;आपको काम-वासना ने घेर लिया,सम्भोग के अतिरिक्त आपको और कुछ दिखाई,सुनाई नहीं पड़ता है।

वासना की अग्नि में सरीर को तपाना,यह ताप बहुत ही मधुर और मोहक है जिससे शरीर को सुख मिलता है किन्तु मन अंदर ही अंदर जलता रहता है। चेतना की तीव्र उत्कंठा इंद्रिय कर्मक है।

सायद ही कोई प्राणी कभी इस उद्देशना से बच पाया हो, मनुष्य के उद्भव काल से ही इस विषय में जानने समझने की तीव्र जिज्ञाषा रही है।

धर्म ग्रन्थ शास्त्रों में मनीषियो ने अपनी धारणा रखी है।किन्तु मेरी धारणा आपकी धारणा नहीं होसकती,हो सकता है जो विचार मेरे लिए उपयोगी है वे आपके लिए न हो,जीवन को धारणा से ही बल मिलता है।

संसार धारणा स्वरूप है,कुछ ने इसे सही कहा और कहेंगे कुछ ने सांसारिक बुराई का कारण कहा और कहेंगे। संसार भाव से चलता है भाव ही जीव का गुण है।

जो धारणा स्वरूप यथार्थ में परिणित होता है जीवन गतिशील है प्रत्येक छण परिवर्तनशील है भूत,अविष्य और वर्तमान तीनो ही घटनाये एक साथ घटती है,हर जीव प्राणी केलिए अलग अलग क्रियाए घटती है किन्तु व्यावहारिक रूप से समानताये है।

जिससे संसार है जो कारण स्वरुप है वह यथार्थ के धरातल पर गलत निर्थक तो नहीं होसकता। यदि मानव मस्तिष्क में सम्भोग की उत्कंठा है तो यह प्रकृति प्रदप्त है जो जीव के होने का कारण है।

जीव चलायमान है उसका उद्भव विकाश और पतन होता है और यह क्रम निरंतर चलता ही रहता है यदि ऐसा न हो तो जीव और निर्जीव के बीच अंतर ही क्या होगा।

आप बड़े धर्मिष्ठ संत महात्मा ज्ञानी पीर पैगम्बर क्यों न हो जीवन भर मौन बैठे रहे और कुछ न बोले,न ही कुछ करे और ऐसी ही चले जाये तो जीवन किस अर्थ कहो? क्या आप परा सक्ति है,अदृश्य रूप से संसार चला रहे है?फिर तो आपके सांसारिक जगत में होने का कोई कारण नहीं है।

यह कार्मिक संसार है ,यहाँ हर चीज का आकलन कर्म के आधार पर ही होता है।

जिन्हे ईश्वर भाव से पूजते आये है,वे सभी अपने कर्म के माध्यम से ही मानव जीवन में उद्धरण दिए।

आदर्श चरित्र का निर्माण किया ,वैसा ही अन्य को भी करने केलिए प्रेरित किया ,कर्म प्रधान समाज की आधारशिला रखी ,जिस पर आपको आगे भी चलते रहना है।

यदि बोल सकते है तो बोलना पड़ेगा,पैर है तो चलना पड़ेगा,काम कर सकते है तो करना पड़ेगा। मन की वासना तो मिटानी पड़ेगी। यह कुदरत का नियम है।

शरीर कुदरत के अधीन है। यह अनैच्छिक क्रिया है,धारणा पूर्वक प्रतिबंधित नहीं कर सकते,आप अपने अंग को भंग कर स्वयं पर विजय प्राप्त नहीं कर सकते।इन सब क्रियाओं का आपके शरीर से आपके जीवन से सम्बन्ध है तभी तो है।

आप तादतम्य बैठा सकते है जरुरी दिशा- निर्देश देसकते है,ऐसा होने पर ही ऐसा विचार मन में आये,बांकी समय न आये या फिर खुला छोड़ दे,घोडा 24 घंटे सर पे सवार रहे। सम्भोग में ही चरम सुख आनंद प्राप्त करे।

वैज्ञानिक दृष्टिकोण से समझे तो भीतर सम्भोग के प्रति जिम्मेदार गुणसूत्र की प्रतीति ज्यादा प्रभावी है जो बुद्धि को अपना गुलाम बनने हेतु विवश करती है।सामान्य अवस्था में है तो नैसर्गिक क्रिया की तरह

स्त्री-पुरुष के मध्य सम्बन्ध में संतुलन रहता है।

स्त्री और पुरुष के मध्य सहवास के प्रति भिन्नता का कारण है स्त्री के हार्मोन्स का पुरुष के हार्मोन्स से अलग होना। स्त्री के भीतर अंतरंग में अंडे का निर्माण होता है,पुरुष में शुक्राणु का अपने अपने स्वाभाव के अनुरूप दोनों आकर लेते है।

नारी का अंडा स्वभावतः निष्क्रिय है और पुरुष का शुक्राणु स्वभाव से गतिशील है। परिणाम ये होता है सहवास के दौरान पुरुष का शुक्राणु नारी के अंडाडु से चिपक जाता है और चरम अनुभूति को प्राप्त होता है।

चरम अनुभूति की यह अवस्था जीवन के उद्भव और विकाश की सम्भावना को बल देता है। व्यावहारिक दृष्टि से स्त्री और पुरुष बाह माध्यम अंडाणु और शुक्राणु के वाहक की तरह है किन्तु यह कार्य वे स्वयं तो नहीं कर सकते न ही बोल सकते,वो सिर्फ फोर्स कर सकते है ,उत्तेजना पैदा कर सकते है।

लेकिन यहाँ ये समझने की जरुरत है,ये स्त्री ,पुरुष में कितनी मात्रा में उत्तेजना पैदा करते है कोई स्त्री,पुरुष ज्यादा कामुक होते है,कोई कम। अंडाडु की निष्क्रियता पैसिव बाई नेचर स्त्री को अत्यधिक धारण सक्ति प्रदान करती है। जो निष्क्रिय होगा उसकी धारण छमता भी उतनी ही अधिक होगी कारण स्वरुप स्त्री अनवरत लगातार सम्भोग क्रिया में आसक्त होसकती है।

जो जितना अधिक सक्रिय होगा चार्ज होगा ,एक्टिव होगा वह उतनी ही तीव्रता से स्खलित भी होगा।

शुक्राणु का यह व्यवहार,पुरुष को सम्भोग के प्रति पहल केलिए राजी करता है।अत्यधिक गतिशीलता,उतनी ही तीव्रता से स्खलन का कारण भी है।व्यावहारिक रूप से इसका परिणाम हमें ये देखने को मिला,शुक्राणु की अत्यधिक अनैच्छिक गतिशीलता पुरुष में बलात्कारी होने की सम्भावना को बल देता है किन्तु अत्यधिक कामुक स्त्री की

अपेछा,अनवरत सहवास के प्रति रोकता है।

इसे स्त्री पुरुष के बलात्कारी और वेश्या होने के सन्दर्भ से जोड़ कर देखा जासकता है।स्त्रिण रहस्य कहता है पुरुष कभी वेश्या नहीं होसकता बलात्कारी होसकता है।नारी वेश्या तो होसकती है किन्तु कभी बलात्कारी नहीं हो सकती है।

इसलिए स्त्री नो कहे तो यस है पुरुष नो कहे तो नो ही है।स्त्रिण रहस्य के अनुसार,स्त्री कभी खुल कर व्यवहार नहीं करती है।

यह राज इतना गहरा है जैसे सागर में बून्द गिनना,नारी व्यवहार प्रकृति के संदर्भ में कह पाना बहुत ही दुरूह दुस्कर है।

सागर कितना गहरा है उसकी धारणा में कितना बल है वह इस रहस्य से स्वयं भी अनजान है।वही पुरुष छणिक है उसमें बुद्धि का मर्म है। बुद्धि की प्रकृति है वह तर्क करता,तर्क सतही,सांसारिक होता है। पुरुष का सम्भोग केप्रति आकर्षण भी उसी प्रकार उथला है।

स्त्री के प्रति कितना ही प्रबल आकर्षण क्यों न हो,समय के साथ तिरोहित होता जाता है।स्त्री के सम्भोग केप्रति आकर्षण में बुद्धि का मर्म नहीं है।वही स्त्री किसी पुरुष केप्रति समर्पित या आसक्त होने पर सम्पूर्ण अस्तित्व से पुकारी जाती है।

इस पुकार में गहराई है जो समय के साथ और प्रगाढ़ होती जाती है उसमें में फिर कोई सांसारिक आवरण नहीं रह जाता वह ठहर सी जाती है।

एक बंधन सीमा में बध जाती है। अब यही उसका जीवन है इस दायरे से वह निकलना नहीं चाहती है। वही पुरुष सब कुछ समेटना चाहता है विजय प्राप्त करना चाहता है विजय प्राप्त करने पर मुक्त कामी अभिलाषी हो जाता है।स्त्री पुरुष से श्रेष्ठ है या पुरुष स्त्री से यह बुद्धि की तार्किकता है किन्तु यह आंतरिक घटना क्रम का बाह्य परिदृश्य है।

स्त्री से पुरुष जन्मता है पुरुष स्त्री के जन्म का कारण है पुरुष में स्त्री के गुण स्त्री में पुरुष के गुण है। यदि सम्पूर्ण अस्तित्व से पुकारे जाये तो कोई अंतर नहीं है दोनों एक है। एक अर्थ में जिसे आप प्रेम कहते हो,वह

स्वयं का भाव है,स्वयं में ही लय है,स्वयं में ही आनंद है।

जो प्रेम आप करते है,वह प्रेम की विफलता है जो आपको दीनता की और लेजाती है यदि वास्तविक अर्थ में प्रेम पाना चाहते हो स्वयं में ही ठहर जाओ,विचारो को सिथिल कर दो,भीड़ गुजर जाने दो यही तो आना चाहते थे यही तो पाना चाहते थे।

भटक तो तुम तब गए थे अब जा कर तुम अपनी मंजिल पे पहुंचे।

❦

"प्रकृति-बोध"

"जीव में प्रकृति के ही गुण है तो व्यवहार बोध में समानता होना स्वभाविक है।जीव स्वहितार्थ परोछ, अपरोछ हिंसा अहिंसा कर्मसाध्य करता है उसी प्रकार प्रकृति भी समयानुकूल प्रतिक्रिया करती है किन्तु बोध भ्रम वस अंतर मालूम नहीं पड़ता कारण जीव की संरचनात्मक जटिलता।

जिस जीव की संरचनात्मक जटिलता जितनी कम होती है समय बोध उतना ही तीव्रता से गुजरता हुआ प्रतीत होता है जैसे जैसे जीव की संरचनात्मक जटिलता बढ़ती जाती है,समय बोध की गति मध्यम प्रतीति होती है।विज्ञान की भाषा में ऐसे समय का रिलेटिव होना हर जीव केलिए अलग अलग होना कहते है।

वास्तविकता में समय के सन्दर्भ में विज्ञान के पास भी कोई ठोस प्रमाण नहीं है।जीव समय को परिवर्तन गति के रूप में बोध अनुभव करता है और उसकी सीमा का निर्धारण करता है।

जबकि यह असंतुलन की स्थिति है जो जीव और प्रकृति के मध्य" संयोजक कड़ी "के रूप में कार्य करती है। स्थिरता और गतिशीलता प्रकृति के गुण स्वरुप है जो समय बोध के माध्यम से जीव को अलग-अलग होने का भ्रम कराती है।

साधारण तौर पर यदि ब्रह्माण्ड को एक बड़ा सा गुब्बारा मान ले और हम इसके अंदर है कोई बाहरी सक्ति जिसे हम नहीं जानते वो उसमे

हवा डाल रही है स्थिरता और गतिशीलता पर उसका पूर्णतःनियंत्रण है और हम उसी बहाव में जीवन की विभिन्न अवस्था के रूप में बहते चले जा रहे है।

जिसका कही न कही छोर है और उस छोर पर जाकर सबकुछ ख़त्म होजाता है जबकि बाहरी परिदृश्य पर हमारी समझ से परे कुछ और तरह के नियम काम करते है।

۞

"स्वयं की स्वयं में यात्रा"

"मन मनोवृत्ति है मंत्र है जिसे मैंने सालो साल दोहराया वही आज मेरी आदत बन चुकी है।

ये आदत बड़ी प्रगाड़ जम सी गई है मन -मस्तिष्क में कितने ही प्रयास से ये आदत जाने वाली नहीं है। इससे मुझे छुटकारा पाना ही है तो वही करना होगा जो गलत को पकड़ने केलिए अब तक किया है।

दोहराव सही का मन को यथेष्ट से जोड़ना होगा,एक लीक एक रास्ता तैयार करना होगा,पूर्व स्मृति सत्य का ध्यान करने से रोक रही है,तरह तरह के प्रलोभन देरही है ,दुष्प्रचार कर रही है,अहंकार को रस्ते का रोड़ा बना रही है,डर,भय दिखला रही है,वासना,क्रोध जैसे कई और मनोविकार साथ ले आई। ये मेरे पूर्व कर्म है सही रस्ते पे चलने की सोचने भर से उभर कर सामने आगई।

हठ पूर्वक निरादर नहीं कर रहा हूँ बस समझा रहा हूँ अब तक तो तुम्हारे साथ ही रहा कुछ दूर इस रस्ते भी चल कर देख लूँ देखने में क्या हर्ज है,पुनःलौट कर आना होगा।अब मुझमे मै का भाव नहीं रहा पूर्णतःस्वतंत्र होगया एक नए पथ पे आगे बढ़ने केलिए तैयार होगया हूँ।

कर्म करते हुए भी स्वयं को करता नहीं जान पड़ता,जीवन विराट सता की कड़ी के रूप में जुड़ता चला जारहा है।मन में उच्छृंखलता का कोई भाव नहीं है,असीम सांति का अनुभव है।धैर्य से बंध गया हूँ,परिणाम की कोई चिंता नहीं है और आगे बढ़ता हूँ,जिज्ञासा का उन्मुक्त आकाश

है,ज्ञान भी ज्ञान मालूम नहीं पड़ता,स्वतंत्र प्रवाह है,स्वयं को ही खोता चला जा रहा हूँ और आगे बढ़ता हूँ,निराशा का गर्त है,जीवन भी मिथ्या जान पड़ता है।

मुझे इस भ्रम से निकलना होगा,सत्य की ओर जाना होगा।ऐसा कर सकता हूँ,मुझमे समर्थ है,मैंने पहले

भी ऐसा किया है,किसी और सन्दर्भ में किसी और स्वरुप में किन्तु वह झूठा जीवन था,मुझे फिर से यह अवसर मिला है जिस पर मुझे खरा उतरना ही होगा,तटस्थ भाव से ,द्रष्टा भाव से जीवन से परे चलते रहना होगा।

∞

"सोच की छमता"

सोचिये जितना सोच सकते है सोचने के पैसे नहीं लगते बिलकुल पूरी तरह फ्री है लेकिन दुनिया में सबसे महगी चीज भी यही है,जिसकी कोई कीमत नहीं आंकी जा सकती,प्रत्यछ रूप से न ही खरीद सकते न ही बेंच सकते जो भी खरीदी और बेंची जा सकती है;सब सोच के ही सब उत्पाद है।

लाइफ टाइम अनलिमिटेड डाटा पैक वो भी फ्री और इससे जितना चाहे उतना कमा सकते है, है न कमाल का ऑफर लेकिन इसमें अवरोध भी है सोचना सीख और सीखा नहीं सकते कितना ही पैसा खर्च करेले।

यदि ये सोच नाम,दौलत,सोहरत,शांति,सुख के लिए है ? सोच का दायरा यही तक सीमित है तो बढ़ाइए क्योकि यह सीमित है जल्द खत्म भी होजायेगा और मालुम भी नही चलेगा...सोच तो अनलिमिटेड है खाली शरीर की इच्छा पूर्ति केलिए नहीं है।

यदि ऐसा होता तो आज भी वही खाना बदोश जिंदगी जी रहे होते जो भी कर रहे है ये नहीं कर रहे होते ? जो भी सोच पा रहे है वो किसी और की अनलिमिटेड डाटा पैक सोच का रिजल्ट परिणाम है जिस के बैक एंड डाटा बेस का उपयोग कर पा रहे है। मानव सभ्यता के विकाश का क्रम ऐसी ही सोच के इनपुट का आउट पुट है।

इसके लिए कुछ अलग करने की जरुरत नहीं वही करिये जो कर सकते है,वही सोचिये जो नहीं सोच सकते है,यही तो बंधन में बाधने वाले है।

सोच का इनपुट मनचाहा आउटपुट नहीं है तो कुछ भी मत सोचिये कुछ वायरस होंगे जो अंदर से करप्ट कर रहे होंगे,ऐसी परिस्थिति में कुछ भी न सोचना मुनासिब होगा मरम्त की जरुरत है।

यक़ीन मानिये कुछ न सोचना,चिंता, चिता,और मेड इन चाइना

सोच से ज्यादा बेहतर कर पाएंगे। व्यर्थ ही सोच है जिसका जीवन में उपयोग नहीं है...है भी तो कुछ समय केलिए ऐसी चीजों में दिमाग का सॉफ्टवेयर क्यों रन करे ? बैक अप प्लान तैयार करे किसी सुरछित सोच के दायरे फोल्डर में सोच को रख दे,अंदर ही एक सॉफ्टवेयर इंजीनियर बैठा है।

उससे संपर्क करे ?कैसे करे बस इतना ही सोचे,जीवन में ऐसा हो रहा है तो क्यों हो रहा है,वो आपको समाधान बताएगा उस पर भरोषा करे,उसकी ताकत भरोषा ही है,वही उसकी फीस है।

जीवन में सब अच्छा ही अच्छा हो रहा है,ज्यादा दिमाग क्यों खपाना ? मज़े से कट रही जिंदगी ? इस बात का अहंकार भी होगा।मशीन ज्यादा काम लेने से भी ख़राब हो जाती है न लेने से भी खराब हो जाती है, संतुलन बनाये अपनी सोच औरो के प्रति सकारात्मक रखे जो नकारत्मक विचार है उसे रीसायकल बीन में डाल दे ?

कैसे डाल दे ?दिमाग के हार्ड डिस्क से कैसे निकल दे अंदर ही अंदर गाहे बगाहे रीकॉल होती रहेगी ? इसका भी जबाब अंदर ही बैठा सॉफ्टवेयर इंजीनियर देगा,वो इसी काम के लिए है ।

दिमाग का प्रोसेसर कैसे रन कर रहा है ।दुनिया में तरह तरह के वैरायटी के कंप्यूटर है उनमे में से कुछ बहुत अच्छे क्वालिटी के है वो भी

1% ही छमता वान है जीवन के उद्देश्य के क्रम में।

विचारो में कुछ चीजे जो अच्छी लगती है उधार लेने में कोई बुराई नहीं है...अडॉप्ट कर ले। बड़ी दुबिधा है ?दुनिया भर का तीन तिकड़म कर धन कमाया? किसके लिए कमाया?

जीवन में सुख लाये,परिवार सुखी हो ये तो गलत विचारो की MLM Marketing हो गई इसकी टोपी उसके सर उसकी इसके सर। स्वयं के बारे में मालूम नहीं स्वयं केलिए ही किये जारहे है ।ये अँधेर कोठरी है यहाँ कोई आता जाता नहीं,फैंकते जाओ, जब जरुरत पड़ेगी तो लेलेंगे ?कैसे लेलेंगे जो प्राप्त हुआ समझो गया ?कहाँ गया ?यही तो सोचना है ये सब जाता कहाँ है ? अँधेरा उजाले के आगे आगे भागता है उजाला अँधेरे के पीछे पीछे भागता है यही खेल चलता रहता है।

जीवन के चारो तरफ इर्द गिर्द मैग्नेटिक फील्ड बना देते है कलाकार लोग औरा कहते है जो व्यक्तित्व को डिफाइन परिभाषित करती है जो डिफाइन होगया मतलब की ओपन सोर्स की तरह है कोई वैलिडिटी नहीं है ।क्या पता कब कौन सा बग आजाये काम करना बंद कर दे।

सोच की रेंज तो रेंज रोवर की ब्रांड की तरह मजूत,टिकाऊ दूर तक ले जाने वाली है ।ब्रह्माण्ड में सोच का लेवल है । सोच वालो ने कॉस्मिक लेवल नाम दे दिया जो समझ से कही बाहर की चीज है जितना सोचे समझे,कुछ समझ नहीं पड़ता...कौन इस पचड़े में पड़े ? पड़ो क्योकि असली मज़ा इसी में है,यही तो ख्वाइश रखते हो,क्या पता सोच से कही ज्यादा कुछ मिल जाये। मागना नहीं है,मागना तो छुद्रता है। उतना ही खाते है,जितना सुपाच्य है,जीवन तो पहले से ही बड़ा छुद्र है,जब देखो कुछ न कुछ मांगता ही रहता है।

पेट में दुनिया समा जाये फिर भी पेट नहीं भराएगा।ऐसा ही विचारो के साथ भी है । तो फिर इसके लिए सोच की भाषा समझो उसको जीवन में उतारो "विचारवान बनो, स्वयं से ही मागो,स्वयं को ही दो "

"स्वप्रेरित ज्ञान"

स्वानुभूति एवम स्वप्रेरित ज्ञान ही जीवन में सार्थकता और सम्पूर्णता लाते है। जिस व्यक्ति का जीवन जानकारी एवम दुसरो के दिए हुए उधार के विचारो से लदा नहीं है वही व्यक्ति आत्म ज्ञान के करीब होता है। आत्म ज्ञान होने के तदुपरान्त व्यक्ति प्रकृति का सूक्ष्म चित्रण करने लगता है।विचारो में गहराई एवम स्वयं और प्रकृति के मध्य सम्बन्ध स्थापित करने की चेष्टा करता है क्योकि प्रकृति शक्तियों से निर्मित जीव देह और प्रकृति के मध्य आत्मा एक कड़ी का काम करती है।

फलस्वरूप तीनो ही शक्तियों के आपसी सामंजस्य की स्थिति में जीवन में समरसता का भाव आजाता है।

निर्वध्य ऊर्जा का प्रवाह होने लगता है लेकिन यह बात कहनी जितनी आसान है करना उतना ही दुष्कर है।

हर जीव देह के लिए संभव नहीं है ।वजह प्रकृति शक्तियों को समझने के लिए विचारो में स्थिरता और निःछलता का भाव होना अत्यंत आवश्यक है।सांसारिक जीवन में लगा मन आत्म ज्ञान कभी प्राप्त नहीं कर सकता है।

कर्ता होते हुए भी जो व्यक्ति स्वयं को करता नहीं मानता,अपना समर्पण भाव प्रकृति में सन्निहित मानता है, वही व्यक्ति आत्म ज्ञान प्राप्त कर सकता क्योकि बिना प्रकृति को समझे,अंतरतमा के अस्तित्व को नहीं समझा जा सकता है।

जिसे ईश्वर को जानने की चेष्टा भी कह सकते है।अंतरात्मा,जीव देह और प्रकृति तीनो एक सायकल की तरह काम करते है, तीनो ही एक दूसरे के बिना अपूर्ण है। तीनो ही तत्व वर्ग के संतुलन के उपरांत ही यथार्थ ज्ञान,विजडम प्राप्त किया जा सकता है। विजडम ज्ञान की श्रेष्ठतम अवस्था है सुख,दुःख,लोभ,मोह,माया जैसे सांसारिक विषय वस्तु से परे मन में स्थिरता,शून्य,चैतन्य भाव प्रदान करता है ।जीव देह में स्थित सभी ज्ञानेन्द्रिय एक साथ संचालित होने लगती है। स्वयं ज्ञान को जन्म देने लगती है जो विज्ञान का कारण बनती है।

दुनिया में स्थापित हर तरह का ज्ञान,विजडम के तदुपरान्त ही प्राप्त किया गया।

जितने भी धर्म और धर्म शास्त्र की रचना अविष्कार हुए,विजडम प्राप्त व्यक्तियों द्वारा ही किया गया। सूछ्म परिकल्पनाओं द्वारा अपनी अनुभूतियों का सांसारिक चित्रण कर ज्ञान और विज्ञान में परिणित किया।

भावार्थ "कुछ भी न जानो न जानते हुए भी सब कुछ जानो जो भी जानने की चेष्टा करो सम्पूर्ण समर्पण के भाव से करो ,कुछ लेने के भाव से नहीं,न चाहते हुए भी सब कुछ मिल जायेगा अप्रत्यछ रूप से ये भाव रखना भी इंसान को सांसारिकता की तरफ खींचता है।

∾

"आत्म चिंतन"

मन में सेवा भाव रखना ही एक तरह का विकार है।नकारात्मक ऊर्जा का संचार करता है,सेवा भाव रखने वाले मनुष्य के अंदर स्वयं के प्रति श्रेष्ठता की भावना पनपने लगती है ।

मन में सेवा का भाव,किसी की सेवा करना,दीन दुखियों की मदत करना,एक जीव आत्मा का दूसरे जीवात्मा के प्रति लगाव होना स्वाभाविक भाव है।यह एक प्रकृति प्रदप्त भाव है,हमारा कर्तव्य है जो हमें अनिवार्यतः करना ही चाहिए।

यदि हम अपने कर्तव्य से विमुख होते है,केवल मात्र जीवन में लेने का भाव रखते है,समाज को प्रकृति को कुछ देने का भाव मन में नहीं रखते जोकी हमारे जीवन और प्रकृति में असंतुलन की स्थिति पैदा करती है।

जैसे वृछ का काम,फल और ऑक्सीजन देना है उसका कर्तव्य है।

इन्सान का कर्तव्य इनके प्रति सहिष्णुता,सुरछा का भाव रखना आदि आवश्यक है प्रकृति में संतुलन के लिए।हर एक सजीव अपने जीवन में कर्म के बंधन दायित्व से बघा हुआ है क्योकि वह चलायमान ऊर्जा द्वारा संचालित है।

प्रकृति संतुलन को विस्तार से समझे तो चराचर जगत में मौजूद हर एक जीव,निर्जीव प्रकृति में सामंजस के लिए परोछ, अपरोछ तौर पर उत्तरदाई है।

सजीव और निर्जीव दोनों ही पदार्थ ऊर्जा से बधे हुए है परन्तु ऊर्जा को परिवर्तन करने की सक्ति केवल सजीव पदार्थ जो जीवन धारण करता है के पास है।

जिनके अंदर चलायमान ऊर्जा मौजूद है।विज्ञान की भाषा में ऊर्जा दो तरह की होती है;स्थितिज ऊर्जा और गतिज ऊर्जा ।ऊर्जा को नष्ट नहीं किया जासकता,इन दोनों ही अवस्थाओं में केवल परिवर्तनीय है और परिवर्तन की सक्ति चलायमान ऊर्जा,जिसे हम जीव आत्मा भी कहते है पर निर्भर है।

इन दोनों ही उर्जाओ के मध्य संतुलन आवश्यक है परन्तु वर्तमान में चलायमान ऊर्जा द्वारा जैसे तेजी से बढ़ता सहरीकरण,वनो का धीरे धीरे कम होना,नदियों,जलाशयों के जल का दूषित होना ,अपव्यय,जलीय परिस्थिति तंत्र से सजीव ऊर्जा का कम होना, जमीन के अंदर मौजूद स्थितिज ऊर्जा को बाहर निकालना,स्थितिज ऊर्जा के संचय को बढ़ावा देरही है। जिससे प्रकृति में असंतुलन की स्थिति पैदा होना स्वाभाविक है।

स्थितिज ऊर्जा के आधीन चलायमान ऊर्जा का होना,पृथ्वी को भीषण तबाही की तरफ मोड़ रही है।स्थितिज ऊर्जा गुण-दोष से रहित एक निर्पेच्छ ऊर्जा है जो चराचर जगत में व्याप्त है और (पृथ्वी के बाहर सम्भवता ९९ फीसदी भाग में यही ऊर्जा विस्तारित है,हमारी आकाश गंगा के बाहर कुछ और भी ऐसे गृह है जहाँ सजीव ऊर्जा विद्यमान है) सजीव ऊर्जा द्वारा बनाये गये सुरच्छा घेरे(ओज़ोन परत) को तोड़ने में समर्थ है और ये घेरा टूटना अवश्यम्भावी है परन्तु लम्बे समय तक "इसे

टाला जा सकता है।

यह संभव है यदि हम अपने आचरण,यम-नियम द्वारा सजीव ऊर्जा,चलायमान ऊर्जा को प्रखर,ओजस्वी रूप प्रदान कर स्थिज ऊर्जा के प्रति बढ़ती निर्भरता को कम कर सके इस हेतु हमें स्वाध्यन की आवश्यकता है।स्वाध्यन से हमारे अंदर आत्मज्ञान का भाव आता है,हम स्वयं को जानने लगते है।

जब हम स्वयं को जान जाते है,अपनी ऊर्जा की सक्ति को पहचान जाते है तब हमारे अंदर स्वतःही हर एक सजीव जीव आत्मा के प्रति समानता का भाव आजाता है।

दोनों ही उर्जाओ के मध्य निर्बाध्य प्रवाह होगा,जोकी जलीय और स्थलीय परिस्थि तंत्र, प्रकृति में संतुलन पैदा करने के लिए आवश्यक है।

"यदि जीवन में स्वाध्यन का भाव हो तो हर मुश्किल परिस्थिति,चुनौती से लड़ने का समर्थ मनुष्य जुटा लेता है।'

☙

"क्वांटम इंटेंगलमेंट(मात्रा उलझाव)"

आधुनिक भौतिकी के अंतर्गत आने वाले क्वांटम इंटेंगलमेंट को हिंदी में मात्रा उलझाव कहते है।उलझाव की उलझन में उलझने से पहले इसके बेसिक मूलभूत जानले जिससे समझने में आसानी हो।साधारण शब्दो मे ये कांसेप्ट कहता है"संसार की हर वस्तु कही न कही एक दूसरे से सम्बंधित या जुडी हुई है लेकिन कैसे ये कहना बहुत मुश्किल है जो भी तथ्य सामने रखे गए वह भी एक अवधारणा है।इसका कारण यह वैसा ही है जैसे सुई में धागा डालना,सुई में धागा कैसे जायेगा ,जब धागा सुई के होल से भी पतला हो तभी तो दोनों आपस में इंटेंगल होपायेंगे लेकिन वैज्ञानिक तो यहाँ सुई में एक मोटा सा नाडा डाल रहे है।

वैज्ञानिको द्वारा उपयोग में लाई गई तकनीकि फोटोन डिटेक्शन पर आधारित है जो हमारी कल्पना से भी छोटे मोस्ट बेसिक लेवल पर जो चीजे सभी को एक दूसरे से कनेक्ट करती है,उसके साथ इंटेंगलमेंट करना टेढ़ी खीर से भी ज्यादा टेढ़ा मालूम पडता है।

खैर हमारी दुनिया विरोधा भास से भरी पड़ी है और हम सब इसके नमूने सैंपल है।

हम एक ऐसी छद्मम जिंदगी जीते है जो वाकई में उलझाव उलझन से भरी है ;विचारो का उलझाव, चीजों का उलझाव,जो सवाल उठते है उनका जबाब मिलते ही वो जबाब भी सवाल के रूप में उठ खड़े होते है।

सतही रूप से देखने पर चीजे लीनियर एक्वेशन में दिखती है। वास्तविकता में ऐसा नहीं है हम इंसानो की उपलब्द्धता महज खाली मन का चढाव और उतार है। किसी गणितीय संकल्पना की एक्वेशन की वेरिएबल की तरह जो सपोर्टिंग सहायक रूप में है,यह एक तरह से जादूगर के जादू के समान है।

जब तक जादू आँखों के सामने चलता रहता है सबकुछ वास्तविक रियल सा लगता है ख़त्म होने पर स्वयं को ही कटघरे में पाते है और सवाल करते है ,क्या ऐसा होसकता है ? आगे क्या होने वाला है, इस विषय में सम्भावना है...ये केवल तभी अस्तित्व में आते हैं जब वे अस्तित्व में होते हैं। वहाँ नहीं जब आप इसे नहीं देख रहे होते तब नहीं होते जब देख रहे होते है तभी होते है।

विचित्र से न हजम होने वाली बात है मगर ऐसा होता है अगर ऐसा न होता तो हर चीजे एक दूसरे से कनेक्ट न होपाती।

हालाकि हम इन चीजों को गहराई से नहीं समझ सके लेकिन जो चीजे हम नहीं समझते वो चीजे भी होती है। दुनिया में हर चीज कही न कही मोस्ट बेसिक लेवल पर इंटेंगल है जिसे क्वांटम इंटेंगलमेंट (मात्रा उलझाव) कहते है।

एक तरह का उलझन भरा उलझाव है जब हम चीजों को एक्सपेरिमेंट द्वारा समझने जाते है हमारी समझ से कुछ और ही

परिणाम देखने को मिलते है क्योंकि हमारी समझ और एक्सपेरिमेंट का दायरा एटम पमाणु लेवल तक ही सीमित है।

मोटे तौर पे यदि समझे मोस्ट बेसिक लेवल के बदलाव को फोटोन द्वारा डिटेक्ट करने की कोशिश करते है। फोटोन(ऊर्जा की सबसे छोटी इकाई यूनिट) उस अति सूछ्म से सूछ्म संवेदी पार्टिकल गॉड पार्टिकल ,न्युट्रीनो जो भी आप समझे इंटेंगल बिहेवियर डिस्ट्रॉय कर देता है।

हलाकि जितनी भी बार एक्सपेरिमेंट प्रयोग करे कुछ अलग ही परिणाम आब्जर्वर को देखने को मिलते है इसलिए जो चीजे हम नहीं समझ पाते उसे प्रोबिबिलिटी स्टेज पर रख कर वैल्यू डिफाइन करते है।

क्वांटम पार्टिकल को यदि और भी बेसिक लेवल पर समझे तो हर चीज समान है कुछ भी अलग नहीं है महज पार्टिकल की लेवल ऑफ़ फ्रीक्वेंसी ऊर्जा का व्यतिक्रम की वजह से अलग -अलग अंतर मालूम पड़ता है।

क्वांटम इंटेंगलमेंट को और अधिक विस्तार गहराई से सम्भावनाओ की गतिशीलता पर बल दिया जाये:टेली पोर्टशन संकल्पना आपकी समझ के रियल वर्ल्ड में मूर्तरूप वास्तविकता में सम्भावना को तलाशती हुई नज़र आती है...कैसे? टेली पोर्टशन क्वांटम इंटेंगलमेंट पर कैसे काम करता है? इसके पूर्णतः विकशित होने पर क्या पॉसिबिलिटी हो सकती है ?

सम्भावना है की इनफार्मेशन या डाटा शेयरिंग के लिए निकट भविष्य में किसी माध्यम की आवश्यकता नहीं पड़ेगी ? आपके पास जो इनफार्मेशन क्वांटम एनकोडेड है वही सेम इंटेंगले पार्टिकल उसके पास भी होगा जिसे आप कोई इनफार्मेशन देना चाहते है।

एक तरह से समझे,सेम टाइम में एक ही समय में वो इनफार्मेशन अपने ऐच्छिक बिंदु, डिजायर्ड लोकेशन पर होगी।

इसका सबसे बड़ा लाभ,रक्षा,अनुसन्धान छेत्र को होगा।यह भी एक कल्पना है,वह भी एक कल्पना है और कल्पना तभी साकार होती है,जब वास्तविकता के साथ इंटेंगल हो जिसे आप जीवन कहते है उसके विकाश का क्रम ऐसे ही चलता रहता है।

"वार्म होल"

ऐसा दरवाजा लाखो करोड़ों प्रकाश वर्ष दूर सुदूर गृह,तारे, दूसरी दुनिया ब्रह्माण्ड आकाश गंगा को आपस में जोड़ते है।

वैज्ञानिको का मानना है ये गोलाकार घुमावदार 3D शेप में चकते के समान सिलेंडर की तरह होते है जो नकारात्मक ऊर्जा निगेटिव एनर्जी या डार्क एनर्जी भी कह सकते है जो लाखो लाख मील के फासले को महज चंद मील या मीटर में सीमित कर देते है।

जिन ग्रहो,तारो या किसी दूसरे ब्रह्मांड में जाने की हमें सोचने भर से पसीने छूटने लगते है। इन वर्म होल की मदत से हम वहाँ चुटकी बजाते ही पहुँच सकते है।

कल्पना कीजिये,आपके पास कोई बड़ा सा पेपर है उसके दोनों छोर,सिरे पॉइंट पे निसान बना दीजिये अब दोनों की दूरी मापिए फिर उस पेपर को बीच से फोल्ड कर दीजिये इतना फोल्ड करिये की दोनों पॉइंट एक दूसरे के सामने हो,पहुँच गए न दूसरे यूनिवर्स में चुटकी बजाते ही।

टाइम मशीन से रिलेटेड बहुत सी फिल्मे देखि होगी,कहानी भी सुनी होगी दरअसल वो इसी संकल्पना पर आधारित होती है।

इसे "रिलेटीविस्टिक जम्प गेट" भी कह सकते है।ये हमें समय से आगे भी लेजसकते है पीछे भी लेजसकते है।

समय क्या है बस एक तरह का अहसास लीनियर डायरेक्शन में बहाव है और वर्म होल वही काम करता है उस बहाव को रोक देता है।

पूरी तरह से एक निर्वात वैक्यूम रिंग आफ्टर रिंग,एक छोर पर चीजे अस्तित्व में आने पर स्वतःही दूसरे छोर पर पहुँच जाती है। निगेटिव एनर्जी से बने सुपर मैसिव ब्लैक होल भी कह सकते है।

लेकिन इनके बारे में कहना और बात करना जितना आसान है ढूढ़ना नामुमकिन से भी नामुमकिन है...s2 Sagittarius A ,जिससे A- star भी कहते है जो मिल्की वे के बिलकुल सेंटर में मौजूद है। एक्सपेरिमेंटल कोई भी एविडेंस उपलब्ध नहीं है...महज धारणा वैज्ञानिको द्वारा ऐसा कयास लगाया जा रहा है।

मन में ये सवाल उठना लाजमी है क्या कभी वर्म होल खोज पाना संभव हो पायेगा इसका जबाब फिलहाल यही होगा,ब्रह्माण्ड का जुड़ाव किसी एक चीज से ही है।

जिसके बारे में जान लेने पर ही बहुत से सवालों के हल खुद बा खुद मिल जायेंगे या वो सवाल जो अभी तक पैदा भी नहीं हुए मामला कुछ और ही संगीन हो जाये।

आज हम ब्रह्माण्ड के बारे में जिन विषयो पर बात कर पा रहे है बड़ी आसानी से,क्या 100-200 या 300 साल पहले इन विषयो के बारे में कोई जनता था या ऐसे सवाल किसी के जेहन में उठे थे...नहीं न?
यदि उस समय कोई ऐसी बात करे तो या तो तीक्षण बुध्दि वाला वैज्ञानिक कहा जाता या दार्शनिक जैसे अईन्स्टीन, न्यूटन, अरस्तु,टेस्ला,आर्यभट्ट जैसे अनेको नाम है।
क्या आपका फ्रीज़,कूलर,एसी,कंप्यूटर,कोई भी इलेक्ट्रॉनिक उपकरण जिसे इंसानो ने बनाया अपनी मर्जी सी चल सकते है ? बस वैसे ही प्रकृति का चुनाव है,सृष्टि-नियंता ही सब कुछ निर्धारित करता है।

कहने का अर्थ अज्ञात को जानना मुश्किल है ज्ञात जो हम जानते है,उसके आधार पर आगे की और भी अधिक जानकारी जुटाना या माध्यम से किसी तकनीकी का निर्माण करना आसान है।

चीजे इसीलिए अस्तित्व में आती है क्योकि वास्तविकता में उनका वजूद है।

आपके जेहन में उठने वाले सारे सवाल के हल है। बस खोजने भर की देर है तो फिर देर किस बात की ? फिलहाल मालूमात कीजिये वार्म होल कहाँ है ?

৩৩

"क्या है रहस्यमई काली ताकत"

एक ऐसी ताकत,ऊर्जा जो ब्रह्माण्ड में हर जगह मौजूद है कल्पना से भी कल्पनातीत समूचे ब्रह्माण्ड को आपस में जोड़े रखती है लेकिन इसे डिटेक्ट नहीं किया जासकता न ही मापा जासकता है।

वैज्ञानिक थ्योरी के मुताबिक यह काली ऊर्जा, ब्रह्मांड में लगभग 68% हिस्सा है शेष 32% द्रव्य है। हालाँकि इसमें बहुत कुछ अदृश्य है, जबकि शेष 4% विजातीय घटनाएँ जैसे कि डार्क मैटर है। ब्रह्मांड के विस्तार में तेजी बिग बैंग से काली ऊर्जा की शुरुआत हो सकती है,खगोल शास्त्रियों का अभी तक यही मानना है।

1969 में रॉबर्टो मंगबेरा उंगर और उनके सहयोगियों द्वारा एक शोध पत्र प्रकाशित किया गया जिसमें सुझाव दिया कि ब्रह्मांड में एक रहस्यमय, अज्ञात"अँधेरी ऊर्जा"है जो एक प्रकार की अदृश्य धुंध के रूप में अंतरिक्ष की अनुमति देती है।

जिस"ब्रह्मांडीय धुंध"का कोई द्रव्यमान नहीं है लेकिन एक अदृश्य तरल पदार्थ की तरह व्यवहार करता है।एक तरह से चुंबकीय क्षेत्र की ताकत और दूरी के बीच संबंध को दर्शाता है।

नासा-हबल स्पेस टेलीस्कॉप का भी यही मानना है डार्क एनर्जी का हिस्सा एक अज्ञात द्रव्यमान से आता है जो ब्रह्मांड में हर चीज पर एक गुरुत्वाकर्षण खिंचाव पैदा करता है। शोधकर्ताओं को पता है कि यह वहां है क्योंकि यह ब्रह्मांड के विस्तार को अपना आकार देता है।

हलाकि वैज्ञानिक अब मानते हैं कि ब्रह्मांड का विस्तार धीमा होता जा रहा है बल्कि पिछले 11 अरब वर्षों में जितना होना चाहिए था, उतना धीमा हो गया है।इसने सुझाव दिया कि"डार्क एनर्जी"के कुछ प्रकार जिम्मेदार हो सकते हैं।

डार्क एनर्जी ऊर्जा का एक अदृश्य रूप है जो पूरे ब्रह्मांड में "मुड़" रहा है और ब्रह्मांड के त्वरित विस्तार के पीछे रहस्य के लिए केंद्रीय सक्ति है।इसे ब्लैक होल से भी जोड़ कर देखा जासकता है,फिलहाल ऐसा कहना संगीन मामला है इसकेलिए पर्याप्त तथ्य और साछय जुटाए जाने की आवश्यकता है।

೧ ⁘ ೨

"गहरे द्रव्य"

गहरे द्रव्य (डार्क मैटर) ऐसे पदार्थ है जिसे देखा नहीं जासकता जैसे हम बांकी सभी पदार्थ को देख पाते है न ही ये हमारे द्वारा देखे जा सकने वाले किसी पदार्थ के साथ इंटरेक्ट करते है। खगोल शास्त्रियों के अनुसार ये सम्पूर्ण ब्रह्माण्ड में 4% में मौजूद है कई किलोमीटर मोटे चकते के रूप में होसकते है जो किसी ज्ञात पदार्थ नोन मैटर के साथ इंटरेक्ट तो नहीं करते लेकिन ये इतने कठोर होसकते है जो किसी भी पदार्थ या ऊर्जा की गति को अपने से गुजरने भी नहीं देते है।

सृष्टि का बड़ा धमाका बिग बैंग सिद्धांत हमें ब्रह्मांड की शुरुआत के बारे में बताता है।जिससे हमें पता चलता है ब्रह्माण्ड दो हिस्सों में बटा है। नोन मैटर(हमारी दुनिया जिसे हम ऑब्सर्व कर पाते है) अज्ञात पदार्थ जिसे हम डार्क मैटर कहते है।

इसे किसी भी ग्रासोस्कोप में भी नहीं देखा जासकता ये ब्रह्माण्ड में कही सुदूर अलग थलग हिस्से में पड़ा कोई ऐसा पदार्थ है जहाँ तक पहुंचना असंभव हो बल्कि ब्रह्मांड की विशाल संरचनाओं के भीतर से डार्क मैटर आता है:आकाशगंगाएं,आकाशगंगाओं के समूह,voids के भीतर संरचनाएं और बहुत कुछ वह सब कुछ जो हम पा सकते हैं।

इसके बारे में हम जो सबसे अच्छा तरीका सोच सकते हैं वह एक रहस्यमयी पदार्थ है जिसे सिर्फ गुरुत्व प्रभाव द्वारा मापा जासकता है।सामान्य मैटर की तुलना में इन पर गुरुत्वाकर्षण प्रभाव कही अधिक मजबूत होता है। हालाँकि अभी भी इसका कोई प्रत्यक्ष प्रमाण नहीं है।

पृथ्वी पर जीवन डार्क मैटर से जुड़ा हो सकता है यदि बड़ी मात्रा में डार्क मैटर सौर मंडल के बीच में आता है तो हम पृथ्वी पर जीवन के विकास पर एक नया दृष्टिकोण प्राप्त करने में सक्षम हो सकते हैं।

ये सवाल होना लाजमी है यदि डार्क मैटर प्रकाश से इंटरैक्ट नहीं करता है तो खगोलविद इसका पता कैसे लगा सकते हैं? डार्क मैटर यदि मौजूद है तो जाहिर सी बात है इसके प्रभाव की सनक गुरुत्वाकर्षण वा अन्य वस्तुओं पर पड़ता है।

हालाँकि इसे प्रत्यक्ष रूप से नहीं देखा जा सकता है लेकिन यह अन्य चीजों को इसके चारों ओर मोड़ने का कारण बन सकता है-तभी पता लगाया जा सकता है।

෮෮

"जीवन अनुभव"

जीवन और जीवन में वास्तविक शिक्षा के महत्व को समझने केलिए

दृष्टि कोण की व्यापकता को समझना बहुत ही आवश्यक होता है।अपने छात्र जीवन में जो मैंने सीखा व्यक्तिगत जीवन अनुभव के हजार अध्याय में से कुछ बात आपके साथ साझा कर रहा हूँ...

जिस स्कूल में पढाई कर रहा था,हिंदी माध्यम की सहर की प्रमुख सिछण संस्थानों में से थी।औसतन 80 फीसदी बच्चे 75 प्लस स्कोर करते।जिले की मेरिट लिस्ट में भी दो चार बच्चो का नाम रहता ही रहता था। प्रदेश की मेरिट लिस्ट में भी आजाया करते थे।
देश की महत्वपूर्ण मेडिकल और इंजीनियरिंग इंट्रेंस परीछा में भी हर साल दर्जनों छात्र सेलेक्ट होते रहे। कुलमिलाकर स्कूल का बड़ा ही ख़ास रुतबा था। उस स्कूल में एड्मिशन केलिए हजारो की संख्या में हर साल बच्चे आते लेकिन कुछ ही चुनिंदा बच्चो को ही एड्मिशन मिल पता जो स्कूल द्वारा लिए गए प्रवेश परीछा पास कर पाते।

मेरे लिए सौभाग्य की बात थी ऐसे स्कूल में पढाई करने का मुझे अवसर मिला। जब मै 11 वी क्लास में था मेरे ही क्लास के दूसरे सेक्शन में रामचंद्र नाम का एक बड़ा ही होनहार लड़का था।

सत्र जुलाई से सुरु होता उसका उसका पाठ्यक्रम सिछण सत्र प्रारम्भ से पहले ही पूरा होजाता वो इतना कुशाग्र बुद्धि का था। स्वभाव से भी बड़ा ही सांत,अपने काम से काम रखने वाला था। ज्यादा किसी से घुलता मिलता नहीं था।

जितना पूंछो उतना ही बोलता। जहाँ एकतरफ बच्चे सिछकों से बचते फिरते कही कुछ पूंछ न ले,डांट न पड़े वही वो ज्यादातर समय सिछकों के साथ ही गुजारता रहा है।

उस दौरान मै फिजिक्स के क्लास टीचर जो स्कूल में पढ़ाते थे,उन्ही के मोहल्ले में ही रहता था सो उनके घर भी सुबह पढ़ने चला जाया करता। समय से 10,15 मिनिट पहले ही पहुँच जाता जो बांकी बच्चे पढ़ने

आते उनके साथ खूब,मस्ती मज़ाक चलता,मन चंचल खोजी स्वभाव का था,इधर उधर की बाते चलती रहती।कुछ ही समय पहले त्रैमासिक परीछा संपन्न हुईं थी।

उस में फिजिक्स में मेरे 100 में से महज 70 नंबर ही प्राप्त किये थे। गुरूजी आये सभी को डांट फटकार लगा रहे थे।

सभी बच्चे अपनी मुंडी नीचे गाड़े सुन रहे थे,मैंने इस मौके का भी लाभ उठाते हुए अपने बगल वाले मित्र के साथ स्वाभाव अनुरूप वार्ता लाप करने लगा।

गुरु जी मुझे टोकते हुए कहा "क्या समस्या है तुम्हारी ? मैंने बिना देरी के प्रतिउत्तर दिया "कोई समस्या नहीं तभी तो बात कर रहा हूँ।"गुरु जी ने मुझे फटकार लगाई " जब देखो तब पटर पटर दुनिया भर की फालतू की बातो में लगे रहते हो,रामचंद्र को देखो,उससे कुछ सीखो 100 में 100 लाया है ?

मैंने भी बिना देरी के प्रतिउत्तर दिया "करा तो मैंने भी 100 का सौ नंबर का ही था,उनका नाम न लेते हुए अप्रत्यछ रूप से कहा"इसमे उन सिछ्कों की गलती है जो पछ पात करते है वे ये नहीं चाहते जो पीछे है वे बच्चे भी आगे बढे?"गुरु जी,तमतमा उठे" बच्चे वो भी तुम किस एंगल से?"
मैंने फिर बिना देरी के प्रतिउत्तर दिया" उष्मा गतिकी (thermodynamics)के तृतीया नियमसे?"
उन्होंने कहा ,ठहरो अभी ,अंदर गये और रामचद्र की टेस्ट कॉपी लेकर बाहर आये" सभी के सामने कॉपी के पन्ने पलट कर दिखाने लगे।उसे देख कर बहुत ही आश्चर्य हुआ उसने एक ही सवाल,फिजिक्स की थ्योरी को एक नहीं कई मेथड से कई टॉप लेखकों के रेफ्रेन्स से सॉल्व किया था।"
गुरूजी ने कहा "अब बताओ ?
मुझे तो खुद भी समझ नहीं आरहा,इसकी कॉपी कैसे चेक करूँ ? इतना सछम तो मै भी नहीं हूँ।"

उस घटना के बाद से मुझे समझ आया,हमें सिर्फ चीजों को अपने ही दृष्टिकोण से नहीं देखना चाहिए,जो हम समझना चाहते है सिर्फ वही नहीं समझना चाहिए अपितु तटस्थ होकर अपने दृष्टिकोण के दायरे को बढ़ाना चाहिए।

उसके बाद से ही यही मेरा प्रयास एक व्यक्ति और लेखक के रूप में रहा है।चीजों को गहराई से सोचने,समझने का प्रयास करता हूँ।छदम सत्य में जीने से अच्छा है,सत्य की पराकाष्ठा को मापा जाए।मुमकिन है सत्य बहुत ही कड़वा हो,किन्तु निःसंदेह यह जीवन को वास्तविक अर्थ में गढ़ने वाला है।"

୭୬

"बुद्धिमत्ता का प्रथम सोपान"

स्वाविवेक,स्वानुभूति एवम स्वप्रेरित ज्ञान ही जीवन में सार्थकता और सम्पूर्णता लाते है जिस व्यक्ति का जीवन जानकारी एवम दूसरो के दिए हुए उधार के विचारो से लदा नहीं है। वही व्यक्ति आत्म ज्ञान के करीब होता है।आत्म ज्ञान होने के तदुपरान्त व्यक्ति प्रकृति का सूक्ष्म चित्रण करने लगता है।

विचारो में गहराई एवम स्वयं और प्रकृति के मध्य सम्बन्ध स्थापित करने की चेष्टा करता है क्योकि प्रकृति शक्तियों से निर्मित जीव देह और प्रकृति के मध्य आत्मा एक कड़ी का काम करती है।

फलस्वरूप तीनो ही शक्तियों के आपसी सामंजशय की स्थिति में ही जीवन में समरसता का भाव आता है निर्वध्य ऊर्जा का प्रवाह होने लगता है। लेकिन यह बात कहना जितना आसान है करना उतना ही दुष्कर है।हर जीव देह के लिए कदाचित संभव नहीं है वजह प्रकृति शक्तियों

को समझने के लिए विचारो में स्थिरता(सुख दुःख से परे शून्य भाव वैचारिक अवस्था) और निःछलता का भाव होना अत्यंत आवश्यक है ।

सांसारिक तृष्णा रूपी जीवन में लगा मन आत्म ज्ञान कभी प्राप्त नहीं कर सकता।

करता होते हुए भी जो स्वयं को करता नहीं मानता,कर्म फल के बंधन से मुक्त अपना समर्पण भाव प्रकृति में,सन्निहित मानता है वही व्यक्ति आत्म ज्ञान प्राप्त कर सकता है क्योकि बिना प्रकृति को समझे अंतरात्मा के अस्तित्व को नहीं समझा जा सकता है।

जिसे ईश्वर को जानने की चेष्टा भी कह सकते है अंतरात्मा,जीव देह और प्रकृति तीनो ही एक सायकल की तरह काम करते है, तथा तीनो ही एक दूसरे के बिना अपूर्ण है। इन तीनो ही तत्वज्ञ के संतुलन के उपरांत ही यथार्थ ज्ञान विजिडम प्राप्त किया जा सकता है।

विजिडम जो ज्ञान की श्रेष्ठतम अवस्था है सुख,दुःख,लोभ और मोह-माया जैसे सांसारिक विषय वस्तु से परे मन में स्थिरता,शून्य,चैतन्य भाव प्रदान करने वाला है।विजिडम के तदुपरांत सभी ज्ञानेन्द्रिय एक साथ संचालित होने लगती है।

स्वयं ज्ञान स्फुटित होने लगता है,अगोचर ,गोचर,सदृश्य मालूम होता है जिससे वैचारिक दृश्टव्य अवलोकन भी कह सकते है जोकी सांसारिक ज्ञान और विज्ञान का कारण बनता है।

दुनिया में स्थापित हर तरह का ज्ञान विज्ञान और अविष्कार विजिडम के तदुपरान्त ही प्राप्त किये गए है।जितने भी धर्म और धर्म शास्त्र की रचना,अविष्कार हुए विजडम प्राप्त व्यक्तियों द्वारा ही किया गया है।

अपनी सूछ्म परिकल्पनाओं द्वारा अपनी अनुभूतियों का सांसारिक चित्रण कर ज्ञान और विज्ञान में परिणित किया ।

भावार्थ:- कुछ भी न जानो न जानते हुए भी सब कुछ जानो जो भी कर्म करो सम्पूर्ण समर्पण के भाव से करो,कुछ लेने के भाव से नहीं,न चाहते हुए भी सब कुछ मिल जायेगा ये भाव रखना भी इंसान को सांसारिकता की तरफ खींचता है।

৩৩

"राजनीति के साथी"

साम,दाम,दंड,भेद,राजनीति के है साथी,
लोकतन्त्र पे नोटतंत्र जब से हुआ है भारी।
जोड़ तोड़ गठबंधन की है सरकारे बनती,
सत्या के है सब ठेकेदार,बोले झूठी बानी।
जनादेश जनमत होगये अब बेईमानी,
मुँह मे राम बगल मे छूरी यही कहानी।
सुकर जैसे खायें,कुकर जैसे मारे सीटी,
तू तू मै मै करते राजनीति के महारथी।
मरही मरे जनता की,नेता खाए दूध मलाई,
इधर कूँआ तो उधर खाई,कही नहीं सुनवाई।
साम,दाम,दंड,भेद,राजनीति के है साथी,
लोकतन्त्र पे नोटतंत्र जब से हुआ है भारी।

෴

"कर्तव्यपथ"

विमुख हो कर्तव्यपथ से,
शेष बचा क्या जीवन में,
अवषेष लेकर कहाँ जायेगा,
सौर्य सुयश परित्याग कर,
कौन स्थान जायेगा,
जहाँ मृत्यु होगी नहीं,
मृत्यु से पहले क्या मरना चाहेगा ?
पूर्ण न हो संकल्प जो ठाना है,

प्रश्न चिन्ह ये जीवन,
अनुत्तर रह जायेगा,
रण छोड़ कर जो भागा,
कायर कह लायेगा,
निकृष्ट जीवन परिहास,
बन कर रह जायेगा,
कर्म विधान से जो बध जाये,
पुरुषार्थ करे जो असफल भी होगा,
सत्पुरुषों की निंदा का पात्र तो न होगा...
विमुख हो कर्तव्यपथ से,
शेष बचा क्या जीवन में,
अवषेष लेकर कहाँ जायेगा,
सौर्य सुयश परित्याग कर,
कौन स्थान जायेगा ,
जहाँ मृत्यु होगी नहीं,
मृत्यु से पहले क्या मरना चाहेगा"

৩

-चींटी से मन की बात-

"सोते वक़्त कान में एक चींटी घुस गई,
खूब किया उत्पात नींद गई उचट,
वो उधर से खुजली करती,
इधर से मै ऊँगली करता,
दिमाग पड़ गया सुन्न,
मरता न तो क्या करता,
सामने रखा था ठंडाई वाला तेल,
नाम था ठंडा ठंडा कूल कूल,
कान में दिया भर भरा के उड़ेल,

साला काम से निकला बड़ा ही नामाकूल,
सर सारा के घुसा ऐसे जैसे नेवला,
कान का पर्दा दिया उधेड़,
चींटी तो गई साली मर,
मगर कान का पर्दा गया फट,
फिर कुछ मत पूछो क्या हुआ,
भरभंड में मनो बर्फ गई जम,
कोई कुछ कहता हा,जी ,हा,जी कहता,
मगर कुछ समझ नहीं पड़ता,
मन ही मन कुढ़ता,
खुद को ही समझाता,
क्या जरुरत थी काना फुंसी करने की,
चींटी से मन की बात करने की ,
बुद्धि,कुबुद्धि मति गई थी ससुरी मारी,
छल से वार करे प्रतिहारी,
देर सवेर मन में चुस्ती आई,
आते आते बात समझ आई,
उचित सम्मान मिले जहाँ,
वही प्राण प्रीत की है जाती।"

৩

"जीवन सत्य की ओर"

पतन का आरम्भ क्या है,
कैसा होगा,क्या वह आने वाला है,

जब वह आएगा तब क्या होगा,
वह दृश्य कैसा विभत्स्य होगा,

मनुष्य पशु समान होजायेगा,
एक तरफ तुम्हारे अपने मरेंगे,
दूसरी तरफ अपनों की लाश पे बैठ रोटी खाओगे,
न ही शोक होगा,न ही विशाद होगा,

साधन-संसाधन निर्भरता बढ़ाने वाले होंगे,
मानसिक गुलाम बनाने वाले होंगे,

सत्य आचरण से परहेज करोगे,
सत्यभासी सूल समान अप्रिय लगेंगे,

मिथ्याभासी हृदय अनुरागी होंगे,
वसना अविभिवृद्धि नारी संसर्ग प्रिय होंगे,

नारी इच्छा पूर्ति हेतु आपूर्ति साधन होंगे,
चेतनाहीन मूर्छा अंधकार पथगामी होंगे,

निकृष्ट कर्म करने वाले होंगे,
पशुता अवशेष गुण धारण करने वाले होंगे,

किन्तु यह भी चरम नहीं,चरम का अणु मात्र ही होंगे,
चरम क्या होगा ,यह भी तुमसे कहता हूँ ?

जब तुम जल की तरह रक्त का सेवन करोगे,
आटे में मांस का लोथड़ा गूथ रोटी का सेवन करोगे,
तामसिक भोजन का रसास्वादन करोगे,
वासना अतरिक्त कुछ देख न सुन पाओगे,

नाना प्रकार बिमारियों से ग्रसित धन अपव्यय करोगे,

मृत्यु का भय प्रबल,बुद्धि से दुर्बल होंगे,

ईश्वरीय अवधारणा से सम्बन्ध विच्छेद करोगे,
धन ही धर्म,धन हेतु ही कर्म करोगे,
तर्क -कुतर्क वादी मिथ्या आडम्बरी आदर्श होंगे,
भौतिक जीवन अवधारणा धारण करोगे,
व्यासना पूरित मन जीवन व्यतीत करोगे,

अहंकार अभिमान परम हितैसी मित्र होंगे,
मनुष्य में खोट ही खोट दिखाई-सुनाई देगा,
बुझे बाण विष भांति दग्ध हृदय दहकता ही रहेगा,
यह सब होगा और तुम्हारे साथ ही घटित होगा,
यह संचित पूंजी कर्म तुम्हारे जिसे खर्चना ही होगा,
मूल का मूल ही रह जायेगा,सूत चूका न पाओगे ,
यह सब तुम्हारे साथ इसी जीवन में होगा,
तुम विवश होंगे चाह कर भी मुक्त नहीं हो पाओगे।

ॐ

"जीवन की प्यास"

"प्यास ही तो बुझानी है, बुझ ही जाएगी,
इससे ज्यादा क्या होगा,
अपने ही रक्त से प्यास बुझाना होगा,
हाय हाय करते कब तक पिटोगे छाती,
अधिकारों की देते रहोगे दुहाई,
कोई नहीं यहाँ सुनने वाला,
मांगने से कुछ नहीं मिलने वाला,
सत्ता है मक्कारो की,
छीन लो अपने हक़ की रोटी,

माथे लगा गरीबी का दंश मिटा दो,
मुक्ति पाओ इस अभिशापित जीवन से।"

भाव बोध:

"झूठ के मायने वही है,वह आज भी सफ़ेद है, नेता सफ़ेद कुरता पहनकर ही देश कुतरते है।"

***

"सच पूंछो तो नेता सच ही बोलते है,
वो विकाश करेंगे, क्यों नहीं करेंगे,
सच जमीन पे अगर उतार दिया,
तो फिर क्या वे हवा में लड़ेंगे ?"

***

"इंसान वही रहता है,समय के चक्रण के साथ
मुश्किल वक़्त,इंसान को मजबूत बनाता है ,
और मजबूत इंसान,वक़्त को आसान बनाता है,
फिर वही आसान वक़्त,इंसान को कमजोर बनाता है और कमजोर
इंसान मुश्किल हालात पैदा करता है,यही क्रम पीढी दर पीढी चलता
रहता है ।"

***

"धन ,धन को कमाये,
धर्म,धन को फुसलाये,
क्यों न दोनों एक होजाये,
छोड़ दे गरीब को वो रोटी कमाये।"

***

"सुर्खियों से आसमान में सुराख़ नहीं होता,
छोटे दिल से कभी कोई बड़ा नहीं होता।"

***

"जो सत्य पे टिका है,
वो फिर नहीं डिगा है।"

***

"मजबूरियों के हवाले से न उम्मीद कीजिये,
दिल पे पत्थर रख जिंदगी धकाते रहिये।"

***

"राजनीतिक प्रतिस्पर्धा प्रतिशोध की भावना में बदल जाने
पर,खामियाजा समाज को ही भुगतना पड़ेगा।"

***

"सोच से संकल्प संकल्प से सिद्धि की ओर चले।"

***

"तुम्हे गुमान है तुम कहते हो,
तुम हो सबसे बढ़ कर,
आकाश तुम्हारे सर पर है,
एक तुम ही नहीं हो उसके नीचे,
नजर झुका कर देखो,
कई दिखेंगे तुमसे बढ़ कर।"

***

"मेरे कही हर बात आत्मा के मूल से उठी है,
वह यथार्थ बोध में स्वयं के दोहराव में सछम है।"

***

"दोश्ती हो या दुश्मनी दिल से निबाहे,
जिसके भी दिल में रहे बेपनाह रहे।"

***

"दौलत सोहरत के पीछे भागिए,मगर इंसानियत को दरकिनार
मत किजिये,उसे भी साथ लेकर चलिए, क्योंकि दौलत सोहरत के नशे
में जब आप अंधे होजाएंगे तो इंसानियत ही आपको सही मार्ग

दिखाएगी।"

***

"जिनका स्वयं मे कोई ईमान नही है,ऐसे उपार्जित अहंकार की
भर्त्सना,
मिथ्या,आडम्बरी,महिमा मंडित नायकत्व से भला कौन
मानव,सत्यवादी,धर्म परायण,राष्ट्र वादी होने का प्रमाण लेना चाहेगा?
जो उनसे है वे उन्ही के समान पाखंडजई निजि निहित स्वार्थ हेतु ही
है।"

***

"तमाशा ए यार न हो इतना कभी जीत के नशे में,के हार जाने पर
जिंदगी गम के बोझ तले दबने लगे।"

***

"सत्य कडवा जरुर है किंतु गरल नही सुपाच्य है ।"

***

"अहम मै ही मै के भाव से उपजे अहंकारी के समछ अहंकार ही
टिक सकता है,
उसके लिए ज्ञान का कोई स्थान नहीं है, क्योकि ज्ञान अहंकार को
काटने वाला है।"

***

"सिमित प्रकष्ठ मे कदाचरी,दुराचारी,आचरण हीनता से निज
निहित स्वार्थत सनातन आस्था ,
भक्त भगवा का प्रपोगेड़ा करण कर सरकार से जोड़ कर देखना धर्म की
अवनति,अपयस और छय है ।"

***

"धर्म की व्यापकता मे हर व्यक्ति स्वतंत्र है, अपनी आस्था
अनुरुप विचारधारा के चुनाव मे ।"

***

"प्रतिकूलता मे अनुकूलता द्वंद रुप से शेष है अस्तु वाणी सुलभ
की अपेछा कर्म की यथार्थपरता से सत्य का आंकलन किया जाना
चाहिए ।"

***

"चन्दन होना कौन नहीं चाहेगा,
स्वयं महके औरो को भी महकाये,
किंतु महकेगा वही विचारो से जिसके,
नवीनता के नव अंकुर है फूटे।"

***

"जो भी स्वयं को राष्ट्रवादी कहे,
पहले उससे गरीबी,महगाई,
बेरोजगारी पर बात करे,
यदि वो देश के मुद्दो पर बात नही करता,
उसका राष्ट्रवाद खोखला है।"

***

"जो सीधा वार करे वो हमारे सत्रु तो हों सकते है,
किंतु वे इंसान बुरे हो यह आवश्यक नही।
वही भितर घात करने वाले हमारे मित्र हो सकते है,
किंतु वे कभी इंसान अच्छे नही हो सकते है।"

***

"बाहरी आडम्बर मनुष्य को अंदर से खोखला करने वाला है,
इसलिये जीवन सत्य से जियो,सत्य से रहो,इसी मे जीवन की
पात्रता निहित है।"

***

"हम ऐसे पाखंडवाद के दौर से गुजर रहे है,
जो जितना बड़ा पाखंडी है,
वह उतना ही बड़ा राष्ट्रवादी है।"

***

"अंधकार लेकर आये जो सत्ता के गलियारो मे,वे क्या देश को दिशा
दिखायेंगे ?
धुंध छटी तब वे अपने ही मुह पे कालिख पुतवाएंगे ।"

***

"राष्ट्रवाद के नाम पर जो पाखंडवाद की लहर में बह गए,
उनका जीवन मृगतृष्णा के समान है,जिनकी अंतरात्मा का शमन
हो चुका है।"

***

"योद्धा का धर्म है सिर्फ लड़ना,
जीत हार से उसे कुछ नही लेना,
यदि तुम सत्य पथ पे हो तो?
कभी निराश मत होना।"

***

"दुनिया मे हम आज जितनी प्रकार की लडाई देख,सुन रहे
है,सम्प्रदायवाद और समाजवाद के मध्य है।"

***

"सुद्ध भाव से तुम बुद्ध (विचार)उठालो या सस्त्र उठा लो दोनो
ही समान रुप से घातक है।"

***

"हीरा,पन्ना,सोना ,पुखराज जमीन से ही निकलेगा,असमान से
नहीं टपकेगा,
टपकेगा भी तो आम इंसान को ढेला भी नहीं मिलेगा ,15 लाख का
जुमला ही होगा ।"

***

"जिस प्रकार सफलता का विकल्प सिर्फ सफलता है,उसी प्रकार
मेहनत का विकल्प सिर्फ मेहनत ही है। "

***

"गलत को गलत कहने मे यदि संकोच हो?
यही समझा जायेगा गलत के साथ हो ।"

***

"छण ही जीवन,छण ही मृत्यु,
कितना असहाय हुआ मानव,
छण से बंध कर,वह उपाय करता ,
कर्म करता, छण से मुक्ति का ।"

***

"मेरा परिचय मै क्या दूँ?
नही उत्तर मेरे पास,
सो चुप रहना ही श्रेष्ठ विकल्प है ।"

***

"तीर्थ स्थल,देवस्थलो पर किये गये पाप ,
समान्य से कही ,कई गुना भयानक फल
उत्पन्न करने वाले होते है ।"

***

"किसी का ख्वाब मे होना भी,
दिल ए ऐतबार है ।,,

***

" ऐषणा मानव विवेक के अंधत्व का कारण है, नाना प्रकार की बुराईयो का अधिष्ठाता है। जीवन रुपी फसल से खरपतवार निवृति हेतु संसारिक जीवन मे रहते हुए भी ऐषणा के प्रति आसक्ति का भाव नही होना चाहिए ।"

***

"सत्कर्म करते हुए जीवन अभिलाषा ऐषणा पर संयम बरतना चाहिए । पुत्र ऐषणा नियन्त्रण द्वारा जनसंख्या नियन्त्रण ,वैविध ऐषणा द्वारा अत्यधिक धन संग्रह,नाना प्रकार की समाजिक बुराईयो से निवृति,तथा लौकिक ऐषणा द्वारा व्यभिचार,पाखंड से निवृति ।"

***

"जो समान्य कारक है,"मनुष्यता" हम सब अपनी भावना के मूल मे यही रखे अगर इसी को ऐजेंडा बना कर चलेंगे तो एक ही देश मे कई कबीले होंगे जैसा की पडोसी मुल्क मे हम देखते और सुनते है ।"

***

"मुश्किल वक़्त पे साथ देने, छोडने और सत्रु को "मनुष्य " कभी नही भूलता ,तथागत समय कैसा भी हो वह उनसे वैसा ही व्यवहार करता है।"

***

“देश की व्यथा तो यही है,सरकारे अकड से चलती है या रगड से चलती है ।“

***

“वैचारिक मत भेद प्रबल होने पर ,व्यक्तिगत गतिरोध के रुप मे सामने आता है जो समाज की सामुहिक सक्ती को कम करने वाला है इसका कारण देश की समान्य वैचारकी आराम तलबी, मतलबी है ।“

***

“रुप ,निराकार का मौलिक गुण धर्म है,माध्यम से अभियक्ति का सगुण स्वरुप पर्याय है ।“

***

“सत्य अगूढ है,

अनकहा है,

बुद्धि से परे है ,

,ना ही जाना गया,

ना ही जाना जायेगा,

सत्य तो यही है ,

यही सत्य की सत्ता है ।“

***

"मेरी पूजा बस इतनी है राम को विजय तिलक लगाता हूं,
अपने अंदर की बुराईयो पर विजय प्राप्त करता हूं ।"

***

यदि सामने वाले की आपके प्रति गलत धारणा है तो आपकी ज्ञान की बाते भी उसे ओछी मालूम पड़ेगी।

***

“जीवन वही है जो दूसरो के जीवन में सार्थक परिवर्तन लाये।“

***

“देश वासियो तुम सत्य से ही चलो ,
तुम राम के हो,तुम राम से ही हो ।“

***

रावणो से भरी दुनिया में कहाँ ड्ढे राम,

क्यूँ नही तुम ही बन जाते हो राम ।

***

"जिनका स्वयं का चरित्र नही,

वे" राम" चरित्र कहते फिरते,

स्वयं को" राम" भक्त कहलवाते ,

कहो यह "राम "की महिमा है,

या कलयुग की महिमा है ?"

***

"टीम टाम,ताम झाम का जमाना है ,

जहा नोट गिरे वही तमासा दिखाना है ।"

***

"नैतिकता के पतन का कारण धर्म या राजनीति नही है ,

अपितु व्यक्ति विशेष का सहूलियत के हिसाब से चयन है।"

***

"नौलेज को पॉवर फैक्चूअल डाटा बेस से मिलती है।

बिना तर्क प्रमाण के बातो का कोई औचित्य नही है।"

***

"जो लोग राजनीति के पार उतर जाने की बात करते है ,यह खाली
मन का चढाव उतार खुद को तसल्ली देना आत्ममुग्ध होना है ।लोकतंत्र
राजनीति से चलता है तो परिवर्तन राजनीति से ही सम्भव होगा ।
जन अवधारणा से ही सत्ता कि कुर्शी है ।नेता भी जन से ही है ।वे भी
सत्य से हो ।मर्यादा से हो। स्वाहितकामी से जन हितकामी हो । "

***

"सरकार द्वारा झूठ की बारीकियो पर बहुत काम किया गया है
।क्या सच है क्या झूठ जनता को ही फर्क ही नही मालुम पड़ता ।दुनिया
भर नाम का ढिंढोरा पिटवाया जाता है क्योकी काम नही हो पाता है । "

***

"मै ही मै के भाव से गढ़ा ,विकार युक्त विचारो से लदा,समाज पथ
भ्रष्ट होता है ।"

***

"मै से मुक्ति"
"मै ईश्वर की बाते करता है मगर उसमे में ईश्वर नही है। मै है क्या?अहंकारी है। लोभी है।लालची है।कामी है।। झुठा है । पाखंडी है ।निराश्रित अत्याचारी है ।अच्छा बनता है, अच्छी बाते करता है ,काम ,कथनी से उलट करता है ।
इस कड़वी सच्चाई को कौन स्वीकार करेगा?
मुझ मे भी एक मै है ,यही एक मात्र विकल्प बचता है ।"

***

"ना आँख को आँख ना जुबां को जुबां समझती है,
जो समझना चाहते है लोग वही समझते है ।"

***

"जब बात सियासत की हो सच और
झूठ मे फर्क करना मुश्किल होता है ।"

***

"जो मै के भाव से भरा है,उसका सेवाभाव स्वयं के कल्याण की कामना है ।"

***

"आदमियत सीखी नही जाती है,
जो आदमी होता है,उसमे आदमियत होती है ।"

***

"मुमकिन है सबकुछ मगर,
मुमकिन नहीं आदमी का आदमी होना।"

***

"निंदा अब जिंदा नही है आप उसे कुछ भी कहिए,कोई फर्क नही पड़ेगा ।"

***

"शर्मिंदगी वह अहसास है जो आपको गलत होने से रोकता है,
उससे पहले यह आवश्यक है की आप सही हो ।"

***

"श्रेष्ठ गुणो का अर्जन ही मनुष्य का धर्म है ।"

***

"भला इस दुनिया मे कौन बेईमान होगा,
जो बेईमान का ही साथ चाहेगा ?
उसे भी ईमानदार का ही साथ चाहिए ,
मसला भी यही है, उसे ईमानदार चाहिए,
मगर वो खुद मे ईमानदार नही है ।"

***

"राजनीति मे गंदगी कहे या गंदगी को राजनीति कहे ?
हालाकि राजनीति से गंदगी की छंटाई करोगे तो बचेगा कुछ भी
नही ।"

***

"हिन्दुत्व एक व्यापक कैनवास है जिस पर विविध रंग बिखरे है,
किसी दल के संकुचित सोच के रंग मे रंगने केलिए नही है ।"

***

"अनुरुप होने और आरोपित होने मे फर्क होता है,
प्रकृति अनुरुप होना दैव प्रवृति है, वही प्रकृति
पर आरोपित होना आसुरी प्रवृति है ।"

***

"ये देश है वीर जवानो का अलबेलो का मस्तानो का ?ये बीते जुग
की बात होगई ,ये देश है अब बड़बोलो का,चोर उचक्को का, चाटुकारो
का,बेईमानो का, सत्ता लोभियो का।

***

"अभिव्यक्ति की आज़ादी,व्यक्ति की नैसर्गिक इच्छा सक्ति है।"

***

"देश में जहाँ आर्थिक मंदी की अंधी है,वही प्रपोगेंडा वालो की चाँदी
है। "

***

"जो सत्य है वो सत्य है उसमे सकारात्मकता नकारात्मकता न ही
कोई दोष है।"

***

"अहंकार केलिए सत्य विष के समान है ,क्योकि अहंकार कभी
अपना दोष नहीं देखता।"

***

"छल से छलकते आसुरी वृति कुपात्र द्वारा प्राप्त वरदान हो या
सत्ता कभी फलदाई सिद्ध नहीं होता सर्वथा विनाश का ही कारण होता
है।"

***

जो तुम करो, वही सही है, यही चलता है का भाव आसुरी आचरण
है, जो अन्य को भी
ऐसा करने केलिए प्रेरित करता है।"

***

"चाटुकारो की चाशनी चाटने वालो के गले से लोकतंत्र की कड़वाहट
गले से उतरती नहीं, मगर ठीक भी उसी से होंगे जिससे परहेज करते है।"

***

"बात वही करो जो कर सकते हो ,
काम भी वही करो जो कर सकते हो।"

***

"अहंकार कभी नहीं फलता ,
अति होने पर अपनी जड़े छोड़ देता है। "

***

" पुत्र का लालन-पालन हर पिता का कर्त्तव्य है, किन्तु सार्थक पिता
वही है, जिसके पद चिन्हो पे पुत्र चल सके, वही सार्थक पुत्र वह है जो
अपने पिता के सत कर्मो में अभिवृद्धि कर सके ।"

***

"जिंदगी का मज़ा इतना ही लीजिये ,
की जब सजा हो तो सह लीजिये।"

***

"आसुरी आचरण बुरे कर्म करने वाला बिना संकोच मनमर्जी करता
है,
वही अच्छे कर्म करने में हजार मीन-मेख निकालता है।"

***

"मनुष्य की वाणी उसके स्वभाव, संस्कार और संस्कृति की
परिचाईका है।"

***

"जब भाव अपने चरम पे हो भाषा का अविभार्व भाष्य के माध्यम
से करता है।"

***

"निर्मम निर्मूल निराश्रित, सत्य के आश्रय में पे पलने वाले असत्य
सारथी, छली, प्रपंची, अहंकारी, पापी कितने ही प्रबल और बलशाली क्यों
न हो संसार सत्य के अलोक से ही अलौकिक होता रहा होता रहेगा।"

***

"आत्मा का पोषक तत्व भाव और भाव से जीवन है, अहंकार रूपी
खरपतवार जिसकी
तरलता से पोषण प्राप्त कर जीवन रूपी वृछ को सूखा देता है।"

***

"सवाल वाजिब थे मगर, टाल गए वक़्त का हवाला देकर,
कोई नहीं पूंछ लूँगा फुर्सत से होंगे जब अपनी कब्र गाह में।"

***

"जो पीछे छूट गए सो छूट गए,
उनसे गिला-सिकवा क्या होगा ?
जो गलतियाँ होगई सो होगई,
उनपर रोना रोने से क्या होगा ?
जो मिला वो सीख जिंदगी की ,
अब आगे देखो क्या होगा ?"

***

"दिल गर मोहब्बत से वाबस्ता न हो,
इक बेपरवाही सी खुला-खुला सा लगता है।"

***

"हाँथकंगनकोआरसीक्यापढ़ेलिखेकोफारसीक्या
,चायवालेनेकहातोयहीथा ,मलाईवालीचायपिलायेगा।

मगरचीनीकम , पानीज्यादा , दूधथाबासीउपर से
खटाईभीडालरखीथी।तीनोकोसाथमिलाकर
योजनासिलेंडरमेंरखकरउबालदिया , दूधकादूधहोगया
, पानी-पानीहोगया
, चायवालेनेकहाकमालहोगया!भाइयोबहनोपहलेदहीखाइयेफिरसरबतपीजिये।
"

***

"मैमेराअहंकारहूँ , येमैकाबोधहीमेरेदुःखकाकारणहै। "

***

"खासव्यक्तिकाखासहोनाउसकीआमसोचपरनिर्भरकरताहै। "

***

"जोलोगजितनाहीसाफ़ -स्वच्छ
, रिहायशीजीवनजीतेहैंउनमेसेलगभग 90 फीसदीलोगबीमार
मानसिकता के होते है।इसकेपीछेकारण , गला-काटप्रतिस्पर्धा
, स्वयंकोदुसरोसेबेहतरसाबितकरनेकीतीव्रउत्कंठा , भोग
-वासनामेंअत्यधिकसंलिप्तता , धनार्जनहेतुछल -कपटपूर्णव्यव्हार
, गुणवत्तापूर्णकार्यमेंगिरावट, प्रचारप्रसारमाध्यमोंकेअनुरूपजीवनपद्धतिइत्यादि।
"

***

"चंदमुट्ठीभरलोगोकीविचारधाराप्रपोगेंडाआधारितव्यवस्थादेशपरभारस्वरुपहै
, जोसमग्ररूपसेएकबड़ीआबादीकेविकाशमेंबाधककहै।"

***

"रखियेदिलकोचमनसाकभी
एकसामौसमनठहरनेपाए।"

***

"क्रोधअनिष्टऔरअमंगलकारीहीहोऐसाआवश्यकनहींअस्तित्वबोधआत्मजागरण "

***

"गुणोंमेंसर्वोत्तमधैर्यहैवस्तुतःविवेकशीलव्यक्तिधैर्यपथगामीहोताहैक्रोधसेकभीविचलित"

***

"विवेकशीलपुरुषकोकभीधैर्यकासाथनहींछोड़नाचाहिए
,क्योंकिगुणोंमेंधैर्यहीसर्वोत्तमहै।"

***

"एकव्यक्तिकेरूपमेंमेरासम्मानहो "
किसीव्यक्तिकेलिएइससेप्रेरकविचारऔरकोईनहींहोसकता।"

***

"मोहब्बतकोजतातेनफरतकोछिपाते,
बदलतेदौरकेकुछनएउसूलदेखेमैंने। "

***

"साहित्यसमाजकानिचोड़ततथावर्तमानद्वाराभविष्यकोदियागयाअमूल्यधरोहरहै
"

***

"विचारवान बनो, स्वयं से ही मांगो, स्वयं को ही दो।"

***

"जीवन में भाव सकारत्मक/नकारात्मक परिस्थिति वस् जन्मते
है,परिस्थिति किसी कारण वस् और कारण के लिए हमारे भाव
उत्तरदायी है ।
भावार्थ -जीवन में दोनों तरह के भाव होना अवश्य स्वंभावी है,हम
केवल दोनों भावो के बीच सामंजस बना सकते है ।"

***

"आत्म सम्मान की रच्छा करना और उससे बनाये रखना जीव देह
का अंतरात्मा के प्रति कर्तव्य है,आत्म सम्मान खोकर व्यक्तित्व का
विकाश संभव नहीं है ।"

***

"स्वयं को बड़ा साबित करने के लिए दुसरो को निचा दिखाना तथा
छोटा समझना ,पशुवत मानसिकता का परिचय है ।"

***

"आत्मा अगर जागृत अवस्था में हो तो संसार में होने वाले क्रिया
कलापो का सजीव चित्रण कर महसूस किया जा सकता है ।"

***

"जो करते है पुण्य स्मरण उनके स्वप्न में भी प्राण होते है। "

***

"इस देश में गरीब टेस्ट ट्युब बेबी है, जिनका जन्म भारत माता
की कोख से नहीं बल्कि पोलिटिकल लैब में फर्टिलाइजेशन से होता है। "

***

"मुकम्मल होंगे खुद में अपने आप ही,
ये भीड़ ये तमाशे ख़त्म होंगे अपने आप ही। "

***

"प्रतिपल नवीनता को आतुर प्रकृति कभी
पुरातनता के साथ नहीं चलना चाहती,
पुरातनता भले ही कितनी प्रासंगिक और लोक लुभावन हो जीवन
में अवसाद ही लाती है,
नवीनता को कभी स्वीकार नहीं कर पाती है ।"

***

"हार या अपयश होने पर उपहास करने वाले को सत्रु से भी सत्रु
जानो, परिस्थिति वस सत्रु भी मित्र हो सकता है ,किन्तु उपहासी
व्यक्ति मित्रवत होकर घात ही करेगा । "

***

"आप जो भी करे जो अच्छा लगे वही करे ,
किसी के लिए नहीं अपने लिए करे ,
बेहोशी में नहीं होश में करे ,
मै ही मेरा हूँ स्वयं को साछी
जान कर करे ।"

***

"बजाय परिस्थिति और हालत के साथ समझौता करने के, जिसने
समय के साथ सामंजस्य स्थापित कर लिया ,विषम से विषम
परिस्थिति भी उसे तोड़ नहीं सकती है। "

***

"सुख भोग कष्ट रहित जीवन की कामना ही भाव का बंधन है"

***

"एक बार जो नज़र से उतर गया फिर नज़र नहीं चढ़ता,
बात सिर्फ बात होती है ,बात में वजन नहीं पड़ता। "
***
"नफरत भी नफरत के नाम से नहीं होती कई सक्ले अख्तियार
करती है।"
***
"आचरण आतंरिक घटना क्रम का प्रकट भाव है।"
***
"जनता के वोट से पॉलिटिक्स मजबूत होती है,
और पॉलिटिक्स से जनता मजबूर होती है ।"
***
"देश का सारा राजकोष सरकार के उदारकोष में समाहित होजाता
है,जो भी बचा कुचा दृष्टिगोचर है,वह डकार रूपी वितंडा है।"
***
"मेरे पास ऐसे कोई शब्द नहीं जिसे कह दूँ और आपको शर्म
आजाये ,
शर्म अंतरात्मा का भाव है जिसका अनुभव आपको स्वयं ही करना
होगा । "
***
"आप अकेले नहीं जो हम पर हँसते है ,
हम भी खुद पे ही हँसते है । "
***
"मुमकिन है सबकुछ मगर,
मुमकिन नहीं आदमी का आदमी होना।"
***
"आप तेज बोलते है बिना रुके हुए बोलते है,
अर्थात कम सुनते और कम समझते है।"
***
जिंदगी भर जिंदगी से गुजारिश ही रही,
जिंदगी भर हमने सिर्फ भूख ही कमाई।

***

"आंसुओं से कह दो अभी रोने का समय नहीं है,
बारिष का शोर बाहर अभी थमा नहीं है।"

***

"रोम रोम यह जीवन धन्य हुआ,
हिंदी से जब मेरा परिचय प्राप्त हुआ।"

***

"आप जितना आत्म केन्दित होते है,
उतने ही सामर्थवान होते है।"

***

"हिंदी मेरे लिए भाषा,भाव,अभिव्यक्ति का माध्यम होने के साथ
साथ नवीनता का पर्याय भी है।"

***

"चूतिया शब्द कहने सुनने में जरूर ख़राब लगता है,लेकिन बनाते
हुए बहुत अच्छा लगता है।"

***

"सिंह जंगल का राजा इसलिए नहीं की उसमे बल है बड़ा,अपितु
जितनी बार भी वह चोट खाकर गिरता है,दुगनी ताकत से सत्रु पे वॉर
करता है।"

***

"गरज प्रीति करे प्रभुताई,
कुमिति सुमति के होई।"

***

"धर्म स्वाभाव है,नियति है,अंतरखोज है,
कुछ मानने की आवश्कता नहीं है,बिना धरणा के भी स्वयं में उतर
सकते हो।"

***

"इक मुश्किल मै खुद हूँ,
चार मुस्किले ज़माने की,
न मेरी ज़माने से हल होती,

न मुझसे ज़माने की।"

***

"क्यों उलझना पर्वतो के आपसी टकराव में,
मै एक दरिया हूँ ,बहना है मुझे प्रवाह में।"

***

"गरीब गरीब नहीं होते,अमीर अमीर नहीं होते,जो भाव मन में होते
है वही होते है। "

***

"आसान कुछ भी नहीं और मुश्किल भी आसान है, उनके लिए जो
मुश्किल से भी मुश्किल है।"

***

"अभाव और प्रभाव में होने पर,
जीवन से स्वयं का भाव ख़त्म हो जाता है।"

***

"गैर भी अपने होते है,
अपने पन से अपने होते है,
जो सबको अपने समान जानते है,
इंसान वही होते है।"

***

"गम को गम मानकर क्यों गम का रोना रोना,
जब हमी को समझना और समझाना है।"

***

"खुश रहने का इरादा कर लिया मैंने,
की इश्क़ से तौबा करलिया मैंने।"

***

"हालात से मजबूर हुए तो जमाना होगये,
हालात से मजबूत हुए तो ज़माने से होगये।"

***

"मुकम्मल होंगे खुद में अपने आप ही,
ख़त्म होंगे ये भीड़ ये तमाशे अपने आप ही।"

***

"गरीबी दर्द बोती है, उस दर्द से कांटे उगते है,जिस पर गरीब को
चलना पड़ता है।"

***

"दो-चार मोहब्बत के बीज पनप जाने दीजिये,
सियासी आवो-हवा बदल जाने दीजिये।"

***

"बदन की चमक रहने तक ये तमाशे है,
पानी उतरगया फिर कौन पूंछता है।"

***

"मुर्ख बनते-बनते इंसान में अकल आजाती है,मुर्ख बनाते-बनाते
इंसान की अकल चली जाती है,क्योकि मुर्ख बनने वाला सतर्क हो जाता
है और मुर्ख बनाने वाला आस्वस्थ होजाता है।"

***

"वे लोग बड़े ही खुशकिस्मत होते है,
जो दुसरो को गिरता हुआ देख संभल जाते है,
वे लोग भी कम खुशकिस्मत नहीं होते,
जो गिरते गिरते ही सही आखिर में संभल जाते है।"

***

"दिल से मोहब्बत का मर जाना जैसे,
जिये जाना और जीने का अहसास न होना।"

***

"रखिये दिल को अपने चमन सा,
कभी एक सा मौसम न ठहरने पाए।"

***

"जिसे तुम कुछ दो ,उससे कुछ पाने की उम्मीद मत रखो,खुश
रहने का यही एक जरिया है।"

***

"बादल लरजते है अथवा गरज के साथ,
छिटका जाते है आखिर बरषने के बाद।"

***

"प्यास तो बहुत है मगर,
बून्द कतरे की भी अर्जु नहीं।"

***

"मै ही सवाल मै ही जबाब रहा,
आखिर में मेरी बात मुझ तक ही लौट आती है।"

***

"सदियाँ गुजर गई ,जुबा पे एक सा स्वाद रहा,
चलो भी कड़वाहट थूक दो,कुछ मीठा हो जाये,
मै मेरे हाँथ खोले देता हूँ,तुम अपने हाँथ जोड़ लो,
पूजा नमाज ईद दिवाली सब साथ होजाये।"

***

"तुम जैसे हो वैसे ही सब है,
दिल है सबके पास एक सा,
अच्छा अगर न कर सको,
बुरा भी न चाहो किसी का।"

***

"मुझमे ज़माने सी ऐसी कोई बात तो नहीं,
फिर भी इक जमाना रहता है मुझमें।"

***

"क्यों ख्वाईश करे कोई किसी की जब,
आखिर में खुद ही में मयस्सर होना है।"

***

"पास होने पर इंसान वही देख पाता है,
जो सामने वाला दिखाना चाहता है,
दूर होने पर इंसान वही देख पाता है,
जो जैसा वास्तविकता में होता है।"

***

"क्या खूब किया तुमने,
क्या खूब जिया तुमने,

वतन पे मरने वालो,
ये मौत मातम नहीं,
फिर लौट कर आना,
यही सबाब लूटने।"

***

"सेवा और उपकार में अंतर होता है,
जहाँ सेवा कर्तव्य का बोध है,
वही उपकार अहंकार का भाव है।"

***

"मेरी पूजा बस इतनी है रोज राम को तिलक लगता हूँ,अपने अंदर
की बुराई पर विजय प्राप्त करता हूँ।"

***

"जिनकी जुबान स्याह सियासत के पैरो तले दबी है,बेबसी और
लाचारी में कुछ बोल तो नहीं पाते,बस कासमशा के रह जाते है,पैर हटते
ही वही लोग सीधा गला पकड़ेंगे।"

***

"कहने को बहुत कुछ होता हूँ मगर
कुछ बोल नहीं आता,
दुनियावी,दुनियादारी,होसियारी,
देख सुन कर मन मोह जाता है।"

***

"सिद्धांतवादी व्यक्ति स्वयं को पीछे रख कर ,विचारो को आगे
रखता है,वही अवसरवादी व्यक्ति स्वयं को आगे रख कर,स्वयं को ही
सिद्धांत मान लेता है।"

***

"मूर्खता पूर्ण परिहास का उत्तर देना ,मुर्ख का आहार बनने के
समान है।"

***

"जरुरत का हिसाब अभी हुआ नहीं,
ख्वाईशो के बोझ तले दब गई जिंदगी।"

***

"सुंदरता तन की हो तो अच्छा,
मन की हो तो और अच्छा।"

***

"गुरुर कितना ही सर चढ़ा हो,
समय के आगे टिकता नहीं,
हा यह भी सच है मगर,
कभी किसी से कुछ कहता भी नहीं।"

***

"हर चुनैती में गुप्त सन्देश छिपा होता है,
यदि हम ठीक ठीक समझे तो रगड़ रगड़ के गढ़ देगी,न समझे तो
पटक पटक कर तोड़ देगी।"

***

"मुझे मसरूफ रखने का सुक्रिया मेरी जान फुर्सत,
तबियत से तुझे जीने का मज़ा ही कुछ और है।"

***

"किसी इंसान पे भरोसे की बात आये तो याद रखना उसके फायदे
की बात ही करना।"

***

"हमें मुआफ करना सरकार हम न सुन पाएंगे तुम्हे,करे भी तो हम
क्या करे हम मजबूर है बहुत जितने की तुम मगरूर हो,
ऊब से भी उबाऊ और पकाऊ हो,सुन सुन कर कान गए पक,इलाज
है बस यही,लाखो झूठ बोले,उनमे से एक झूठ झोला उठा कर जाने की
बात सही करदो ?"

***

"अहंकार कभी नहीं फलता ,
अति होने पर अपनी जड़ छोड़ देता है।"

***

जिंदगी का इतना ही मज़ा लीजिये की सजा हो तो सह लीजिये।

***